KB230866

남자노인의 성(性) 실태와 우울감

남자노인의 성性 실태와 우울감

박미자 著

한국학술정보㈜

차 례

I. 서 론

1. 연구의 필요성

오늘날 한국은 급격한 산업화로 놀라운 경제성장을 이루어 왔고, 그 결과 국민소득의 증가와 삶의 질적 측면에 있어서 많은 개선과 함께 의학기술이 발달됨에 따라 인간의 평균수명이 크게 연장되고 있어 노인인구도 증가하고 있다. 2001년 12월 통계청은 우리나라도 UN이 정한 '고령화사회(Aging Society)'에 돌입했음을 알렸다. 2000년 7월 1일을 기점으로 국내 65세 이상 노인인구가 337만 1,000명으로 전체 인구 4,727만 명의 7%를 넘어섰으며, 2003년 8.4%, 2010년에는 10.7%, 2030년에는 23.1%를 넘어서는 초고령사회가 될 것으로 예상된다(통계청, 2004. DB).

노인인구의 증가로 인한 노인문제는 점점 다양하게 나타나고 그 해결방안도 복잡해지고 있다. 노인문제에 대한 다각적인 해결을 위하여 제반 사회적 대책이 요구되며, 이에 따라 노인의 생활보장과 복지향상을 위하여 소득, 의료, 주택, 사회적 서비스 등에 관한 연구와 조사들이 활발히 전개되고 있다. 그 가운데서도 인간으로서 기본적 욕구인 성(性)은 최고 노년의 삶의 질과 관련하여 새롭게 부각되는 주제이다(장인협, 최성재, 2000).

성은 남성·여성의 존재 자체와 함께 자아정체의 인격적 존중을 포함하는 인성의 중요한 자원으로 신체적·정신적 쾌락을 추구할 권리는 나이와 성별에 제한 없이 해당되는 것이므로 젊어서 누린 성 활동의 권리가 늙었다고 단절되어야 할 이유는 없다(여성한국사회연구회, 1999).

노년기의 성 활동은 서로의 삶에 대한 자신감을 주며, 연대감을 부여하고 자기 유용감을 얻게 하는 등 정신적 만족감을 얻는 데 기여한다. 즉 노년기의 고독감 해소와 삶에 대한 즐거움과 보람을 높여주는 촉매의 기능을 한다고 볼 수 있다(정동철, 1996).

그럼에도 우리 사회는 노인들의 성적 욕구를 아예 존재하지 않는 것으로 치부하거나 설령 그것의 존재를 인정한다 해도 그것의 중요성을 간과하거나 무시할 뿐 아니라 조소나 비난의 대상이 되기까지 하는 것이 바로 노인들의 성적 욕구이다. 노인의 성적 욕망이 무시당하거나 조소나 비난의 대상이 되는 것은 우리나라에서 성(sex)이라고 하는 것은 종족 보존을 위한 생식기능만을 위한 것이라는 문화적 편견과 위선 때문으로 볼 수 있다(김동일, 1997).

노인의 성(性) 문제는 전통 생활적 관념에 의해 은폐되고 금욕을 강요받아 사회적 무관심에 가려져 왔기 때문에 노인들 스스로 성에 대해 떳떳하지 못하고 수치스러워하여 표면적으로 성적 관심을 나타낼 경우 음란하고 방탕하며 불순하게 비칠까 봐 자기 자신을 방어하고 있으며 이러한 사회문화적 편견은 노년기 성을 학문적 관심의 대상에서 제외시키게 하였다(오세근, 1997).

그럼에도 최고 노인의 성과 관련된 국내외 연구들(Masters와 Johnson, 1966, Starr-Weiner, 1981, 오진주와 신은영, 1998, 이윤수, 1997, 임춘식, 1992, 김윤정, 2003, 김홍란, 2003, 권명숙, 2001) 등의 연구에서 상당수의 노인들이 노령에까지도 성적 욕구가 있고 성생활이 가능함을 입증하고 있다. 이러한 연구들은 노년기 성생활의 주요 요인으로 성 욕구를 들고 있다. 예를 들어 노인 성에 관한 최초의 보고서인 Kinsey 보고서에 의하면 나이가 많아져도 많은 남성들은 성적 활동을 계속하고 있으며, 60세에 95%, 70세에 70%, 70세가 넘으면 미약한 성적 활동을 보인다고 하였다(Kinsey, 1953, 김현철, 2000, 재인용).

그러나 한국에서는 전통적으로 노인의 성 문화를 터부시하는 경향이 있을 뿐 아니라 노인의 성생활에 대한 실태연구가 한정되어 있다. 기존의 연구들은 노년기의 성 욕구, 성 기능 정도, 성생활과 삶의 만족도 등에 관한 구체적인 정보를 제공하고 있으나 실생활에서 노인들이 경험하는 기초적인 성생활에 관한 자료는 부족하다.

특히 음성적 방향으로 성적 욕구 발산과 이로 인한 성병, 적절한 치료의 무지 등 노년기 성 문제가 개인적 차원을 벗어나 사회적 문제가 되고 있다. 작년 국립보건원에 보고된 충남의 50대 이상 성병감염률이 3.73%로 이는 노인들 성에 대한 사회적 편견으로 적절한 진단과 치료가 행해지지 않기 때문이지 결국 다른 연령대에 비해 성병감염률이 낮아서가 아니라고 생각한다. 따라서 국립보건원에 발표된 진단과 성병경험 정도보다 더 많은 노인들이 성교 후 불편감을 경험하고 있으리라 예상되므로 본 연구에서 노인들이 꺼리는 직접적인 진단보다는 남자노인들의 주관적 지각에 의한 성교 후 불편감 연구에 초점을 두고자 하며, 남자노인들을 대상으로 성교 후 불쾌감 증상경험과 이에 대한 대책, 우울감 간의 관계를 연구하여 노인들의 삶의 질을 제고(提高)하는 데 본 연구의 목적이 있다.

2. 연구문제

지금까지 노인의 성을 둘러싼 논의는 노인이 되어도 성생활을 할 수 있다는 여러 자료를 기초로 진행되었으며, 노인들을 대상으로 성생활에 대한 연구 즉 어떤 성 문화를 접하고 있고, 어떤 경로를 통해 성생활을 하고 있는가? 등에 대한 연구는 있지만 성교 후에 노인들이 느끼고 있는 불쾌감에 대한 연구는 부족하며 2003년도 50세 이상의 성병에 대한 통계치는 3.73%(국립보건원전염병정보망, 2003)만이 앓은 것으로 되어 있지만 노인들의 성생활 실태와 성병에 대해 다룬 기사들에서는 노인들이 성병에 많이 노출이 되어 있음을 밝히고 있다. 본 연구에서는 기존의 성 연구를 토대로 고령화사회의 도래로 인한 노인 성생활의 실태를 고찰하여 남자노인들의 올바르고 건강한 성생활을 위한 기초적인 자료를 제공하는 데 있다. 그 구체적인 목적은 다음과 같다.

첫 번째는 남자노인들의 성 실태를 파악한다.

1. 남자노인들의 성병에 대한 인지도는 어느 정도인가?
2. 남자노인들이 성교 후에 어떤 증세들을 경험하고 있는가?

두 번째는 남자노인들의 우울감을 파악하고자 한다.

1. 남자노인들의 사회인구학적 특성에 따라 성 실태 및 우울감에는 차이가 있는가?
2. 남자노인들의 성교 후 불쾌감 증세가 성 충동 및 우울감과 관계가 있는가?

3. 용어정리

1) 노 인

서구나 미국에서는 흔히 노인을 전형적인 은퇴의 나이인 65세에서 시작된다고 말하고 있으며, 일반적으로 우리나라에서는 60세를 전후하여 노인으로 규정하는 경향이 있는데 이는 전통적인 환갑 연령이나 정년퇴직의 시기 등을 고려한 것으로 판단된다. 즉 노화란 점진적인 것이고 때로는 거의 인지할 수 없는 과정이기도 하며, 노인의 범주에 들어가는 때를 결정하는데 각 사회는 다양한 기준을 사용한다(이가옥, 1999).

본 연구에서 노인은 55세 이상을 의미한다. 이는 50대부터

60대 사이에 생식기관의 변화가 발생하므로(홍숙자, 2000) 노인의 성 관계 후의 불편감에 관한 여러 가지 특징을 살펴보기 위해서이다.

2) 성 실태

성 실태란 성교 후 불쾌감과 성 충동을 의미한다. 성교 후 불쾌감은 비임균성요도염, 임질, 매독 등에 노출되었을 때 흔히 경험할 수 있는 주관적인 증상에 대한 노인의 지각을 의미한다.

성 충동은 남자노인들의 성에 대한 욕구로 성 관계 욕구, 자위충동 등을 의미한다.

Ⅱ. 이론적인 배경

1. 남자노인의 성 실태

1) 노인의 성

① 성 기능의 변화

성이란 말은 어원적으로 살펴보면, 라틴어로 세크타스(SEXTUS)에서 나온 것으로 그것은 분리한다는 뜻이다(이용구, 1990).

이런 성에 대한 호기심은 노년기에도 계속되고 이와 같이 인간은 태어나는 순간부터 이미 성적인 특성을 지닌 존재로 구분되며 평생을 성적인 존재로 살아간다(권명숙, 2001).

이러한 성 기능은 남녀별로 다르다. 남성은 여성에 비해 생식능력을 오래 유지할 수 있는 것으로 알려져 있는데 노화에 따라 몇 가지 변화를 경험한다. 첫째, 살아 있는 정충의 수가 감소하고 성적 능력이 다소 감소한다. 둘째, 정낭(seminal vesicle)액의 양과 점도가 변하고 사정력이 감소한다. 셋째, 남성호르몬이 감소하고 고환은 작아진다. 넷째, 전립선이 비대해져 요도를 압박하거나 배뇨를 억제한다. 다섯째, 발기의 기간이 길어지며 직접적인 자극이 필요하고 발기지속시간이 짧아지고 자극 시 성적 흥분은 천천히 일어난다. 여섯째, 남성의 성 반응은 연령의 증가와 함께 감퇴하지만 노년기에도 성행위를 지속케 하는 중요한 요인은 활발한 성적 표현을 지속하기 때문이다(배철형, 이영진, 1996). 본 연구에서는 성적 기능의 변화가 상대적으로 작아 노년까지 성적 능력을 유지하고 이에 따라 성생활을 지속적으로 유지하는 남성노인들을 대상으로 하여 남자노인들의 성 실태를 살펴보고자 한다.

② 성생활에 영향을 미치는 장애 요인

성생활에 영향을 미치는 장애 요인으로는 성 기능 저하, 연령, 사회문화적 편견 등을 들 수 있다.

노화현상을 내분비 면에서 보면 남성호르몬이 양적, 질적인 변화를 일으키고, 이에 따라 고환의 위축이 부신의 위축보다 더 심하게 나타나 연령증가에 따라 성 기능의 변화가 일어나고, 이에 따라 성생활에 장애가 되는 것을 알 수 있다. 즉 부신에서 나오는 당질 호르몬은 단백질의 이화작용을 하고 고환에서 성호르몬은 단백질의 동화작용을 하는데, 이때 이화작용기전이 동화작용기전보다 더 커지는 전환의 상태가 곧 노화의 시작인 것이다. 즉 동화작용으로 체내에 저장된 화학적 에너지를 이화작용으로 생활 에너지로 소모하는 과정에서 후자의 작용이 더 크기 때문에 노화현상이 일어난다(김동일, 1997).

Kinsey는 30대의 남성들에게서 발기불능 비율이 4%에 불과하지만, 80대 남성들에게서는 80% 정도라고 밝혔다(Kinsey, 1953, 김현철, 2000, 재인용). 그 이유는 중년기 이후의 많은 남성들이 여성들처럼 노화에 대한 신경과민이나 우울증을 경험하기 때문이다(윤가현, 1997).

이와는 달리 여성노인의 경우는 성생활 유지에 따른 커다란 신체적 변화는 거의 없다. 연령의 증가에 따른 생식기관의 변화는 정상적인 성생활에 어느 정도 문제를 야기하지만 남성노인처럼 발기부전과 같은 치명적인 증세가 나타나지 않기 때문에 정도에 있어서 남자노인보다는 훨씬 경미하나 성적 기능은 남자노인에 비해 떨어진다.

둘째, 나이와 관련하여 살펴보면, 나이가 들수록 성 기능이 감퇴하는 경향이 있지만 성 욕구는 개인의 정신적·물질적 차이, 성적 대상의 차이, 성행위의 시기 등에 의해서 달라지는 경향이 있다. 55세 이상의 연령층의 경우를 보면, 반수는 성 관계를 하지 않는 것으로 나타나고 있지만 반수는 월 1∼4회 성 관계를 하고 있어 나이가 들어도 환경과 조건의 변화에 따라 성 관계의 차이가 있음을 나타내고 있다(박형규, 2000).

이처럼 성생활은 남녀노인과 연령에 따라 차이가 있는데, 국내연구결과에서도 이를 잘 뒷받침해 준다. 이윤숙(1983)은 우리나라의 60세 이상 남녀노인 250명을 대상으로 노인의 성 의식을 조사했는데 이 조사에 의하면 남자의 성적 능력은 일반적으로 이해되고 있는 것보다 훨씬 지속적이고 높은 비율인데 반해 여자의 경우는 고령일수록 떨어지고 있는 것으로 나타났다고 한다. 이 사실은 65세 이상의 남녀노인 113명을 대상으로 설문 조사한 김주희·이창은(2000) 연구에서도 나타나고 있다. 그의 조사결과에 의하면 전체 노인의 19.5%는 현재 성생활을 하고 있으며, 성생활 빈도는 한 달에 1.37회이고 남자노인의 84%가 성적 욕구는 지속된다고 하였으며, 여자노인의 85.7%는 성적 욕구가 소실된다고 발표한 연구결과를 통해서도 노년기의 성적 욕구는 여성노인보다는 남성노인이 더 적극적임을 알 수 있다.

셋째, 노년의 성생활에 영향을 미치는 변인으로는 사회적 편견을 들 수 있다. 성욕은 문화·역사적인 관점에서도 차이를 들수 있는데 남·여에게 각각 기대되는 성 행동은 확실히 구분하며, 대부분 남자의 성욕만족과 관련되어 형성되고 사회·심리학적인 환경과의 밀접한 관계에서도 비롯된다(http://web.cnei.or.kr). 현대사회의 노인의 성에 대한 부정적인 자세는 역사적으로 중세시대의 지배적이었던 기독교의 금욕사상으로부터 절대적인 영향을 받았다고 볼 수 있다. 성행위는 오로지 자녀의 출산을 위해서만 필요한 것으로 간주되었기 때문에 임신이 불가능한 노인들의 성생활은 매우 부정적이고 자연에 대한 죄악으로 간주되었다(Covey, 1989).

우리나라의 경우도 예외는 아니어서 성행위를 인간의 가장 원초적인 욕구로서 남녀 간의 사랑과 친밀감의 표현방법으로 간주하지 않았고 성을 자녀의 출산을 위한 과정으로서 의미를 부여하였으며, 성에 대한 욕구를 억제함을 미덕으로 삼았으며(이윤숙, 1983), 노인의 성적 욕망이 무시당하거나 조소나 비난의 대상이 되는 것은 이런 성(sex)이 종족 보존을 위한 생식기능만을 위한 것이라는 문화적 편견 때문이다(김동일, 1997).

이러한 노인의 성에 대한 편견과 고정관념은 자기만족적 예언의 형태로 노인의 성에 대한 태도와 성 행동을 제약하는 요인이 된다. 이를테면, 성적인 능력이 활발한 노인일지라도 사회적 인식이 노인들은 성에 대한 관심이나 능력이 없다고 되어 있으며 이러한 믿음을 자의 반 타의 반으로 받아들여 성적 욕구를 억제하거나 심한 경우에는 자신은 이제 성적 능력이 없다고 인정하게 되고 성적 능력을 더욱 쇠퇴하게 하는 결과를 가져온다는 것이다(오세근, 1997, 김윤정, 2003). 또 남녀노인을 대상으로 하여 성에 대한 인식과 성생활 간의 관계를 파악한 결과 성에 대한 긍정적 인식을 갖는 노인들은 노년기의 성생활이 활발하나 부정적인 인식을 갖는 노인들은 성생활을 거의 혹은 전혀 하지 않은 것으로 나타나 성에 대한 사회적 편견으로 인식하는 노인들의 성생활에 문제가 있음을 보여줬다. 또한 노인의 성에 대한 사회의 부정적인 시각은 소득의 감소, 건강의 약화와 역할상실 등으로 심리적으로 위축해져 있는 노인들 스스로가 성을 부정적인 시각으로 인식하게 만들며(유성호, 2000), 노인들이 자신이 늙었기 때문에 성 욕구는 있지만 성 활동에 대한 체념과 정신적 패배감으로 성생활을 그만두는 것은 육체적 노화보다도 더 생명력을 줄이는 독소가 아닐 수 없다(김주희, 이창은, 2000).

이처럼 성적 능력이나 사회적 편견 외에도 주거상의 문제, 배우자의 건강상태 문제 등도 노년기의 성생활에 장애를 주는 것으로 밝혀졌다(김윤정, 2003, 서혜경, 1997). 따라서 노인의 성 문제를 외면하는 것은 후진적이고 부당하다. 노인의 성적 욕구를 사회복지적 차원에서 인정하고 지원해야 한다면 아마 많은 사람들이 웃을 것이다. 만일 우리가 추구하는 궁극적인 국가의 목표가 모든 사람들이 골고루 인간답게 살면서 행복한 삶을 영위할 수 있도록 하는 데에 있다면 이제부터라도 우리는 사회복지의 차원에서 노인의 성 문제에 관심을 가져야 한다.

2) 노인의 성병

① 성병의 종류에 대한 증상 및 후유증

성병에 감염되는 것은 본인에게만 국한된 문제가 아니라 배우자를 감염시키고 2세에게도 선천적 감염을 일으켜 국가적으로 막대한 사회경제적 손실을 수발함과 동시에 인구의 질적 향상에도 큰 손해가 되고 있다.

성병은 주로 성적 접촉에 의해 전염되는 전염성 질환군이다. 과거 성병은 임질, 매독, 연성하감, 성병성 림프육아종, 서혜육아종 등을 지칭하였으나 최근에는 주로 성적 접촉에 의해 전파될 수 있는 모든 질환, 즉 비임균성요도염, 트리코모나스증, 첨규성콘딜로마, 후천성면역결핍증후군 등을 포함시켜 성접촉질환(Sexually transmitted disease)이라고 불리고 있다(김정순, 이주현, 1999).

대표적인 성병들의 종류와 증상, 후유증에 대해 살펴보면 다음과 같다.

비임균성요도염은 임균 이외의 원인으로 생긴 염증을 통칭하는 것으로 남성에서 배뇨통, 요도분비물 증가, 요도소양감의 증상을 보이며 무증상인 경우도 있다(국립보건원성병관리지침, 2003). 가장 흔한 원인균으로는 Chlamydia trachomatis(30~50%)이며 그다음으로 Ureaplasma urealyticum(20~25%)이고, 원인균을 모르는 경우도 20~30% 정도 된다.

남성과 여성의 증상을 살펴보면 남성에서 증세는 일반적으로 성 접촉 7~28일에 나타나며, 경한 배뇨통과 요도 부위 불쾌감을 호소하고 맑거나 약간의 농성 분비물이 나타나기도 한다. 증세와 분비물은 경하지만 요도 부위에 분비물이 말라 아침에 증세가 더 자주 명확하게 나타난다. 요도 부위가 붉게 되어 있을 수 있고, 속옷에 분비물 자국을 볼 수 있으며, 여성의 경우 질 분비물이나 배뇨통, 빈뇨를 호소하기도 하지만 대부분은 무증상이다(이상현, 2002).

합병증으로는 치료가 부적절한 경우 만성요도염이나 방광염이 생기거나 요도에서 신장으로 감염이 퍼진다. 또한 요도염은 보통 증상이 경미하여 심각한 장기 질환을 일으키지는 않으나 재발이 흔하다.

임질은 Neisser gonorrhoeae에 의해 발생되며 성적 접촉에 의해 전파되며, 요도염, 자궁경부염, 난관염 등의 증세를 나타낸다. 여성에서는 불현성 감염이 많고(성병관리지침, 2003), 남성에게도 무증상인 경우를 볼 수 있다(이상현, 2002). 남성과 여성의 증상을 살펴보면 남성의 임질 잠복기는 4일(2~14일)로 비임균성요도염보다 상대적으로 짧으나, 잠복기간이 겹치는 부분이 있기 때문에 이것만으로 구분하기는 어렵다. 초기 증세로는 요도 부위에 경한 불쾌감을 가지다가 배뇨통과 화농성 분비물이 흔하게 나타나게 된다. 빈뇨와 절박뇨 증세는 질환이 요도 후방 부위로 전파됨에 따라 발생하게 된다. 요도 입구 부위는 붉게 부어 있기도 한다.

매독은 원인균인 Treponema pallidum의 감염에 의해 발생하는 성기 및 전신성 질환으로 성기에 단단한 궤양과 멍울이 생긴다. 감염 후 2~10주 내에 감염 부위에 구진과 경성하감이라는 궤양을 나타내며(성병관리지침, 2003), 감염은 주로 성 접촉에 의해 전파되지만 키스나 신체 접촉으로도 간혹 전파될 수 있으며, 매독은 선천성 매독과 후천성 매독으로 구분된다. 매독의 자연경과는 30~40%는 자연 치유되며, 60~70%는 잠복매독으로 평생 경과하든지 3기 매독으로 발전한다. 감염 치료 후 재감염에 대한 면역성을 가지지는 않는다(이상현, 2002).

선천성 매독은 모태의 태반을 통해서 감염되며 태아는 대개 유산되거나 사산된다. 간혹 기형아가 되어 태어나기도 하며, 평생매독 양성반응을 나타낸다. 후천성 매독은 90% 이상이 성 접촉에 의해서 감염되며, 간혹 수혈이나 키스 등으로 감염되기도 한다.

1기 매독은 성 접촉을 한 후 3주 후에 성기에 팥알 크기의 붉고 고무처럼 단단한 궤양이 생긴다. 성기에 궤양이 생긴 후 양쪽 림프절에 가래톳(단단한 멍울)이 만져지나 통증은 없고 치료를 하지 않아도 저절로 없어진다. 2기 매독은 1기 매독이 걸린 후 3달 후에 나타나는데, 전신의 피부나 점막에 붉은 반점이 생기며, 이것을 장미진이라고 한다. 아프거나 가렵진 않으나 이 증세는 수년 동안 재발을 반복하면서 일반 탈모증과는 다른, 지저분한 탈모현상을 일으킨다. 이 시기가 가장 전염력이 강한 때이다. 3기 매독은 3년~12년 후에는 피부, 점막, 근육층 등에 고무처럼 말랑말랑한 혹인 고무종이 생기는데 아프지는 않으며 이 고무종 역시 시간이 지나면서 헐어서 궤양이 된다. 이 3기 매독은 매독균이 전신에 퍼져 있는 시기로서 코뼈가 상해 주저앉거나 귀가 멀거나, 심장 혈관계, 신경계가 상하여 사망하기도 한다. 매독균은 트레포네마 팔리듐이라는 병원체인데 건조와 열에 매우 약하여 문의 손잡이, 화장실의 변기에서 약 30초면 죽으며, 매우 약한 소독제 비눗물에도 사멸한다(http://kin.naver.com).

법적으로 정해진 성병 중에서 실제 임상에서 문제가 되고 있는 중요한 성병은 비임균성요도염, 임질, 매독 등의 세 가지이며, 그 발생빈도는 매독을 1로 할 때 임질은 20, 비임균성요도염은 80 가까이 되며(이희영, 1983, 김정민, 1992, 재인용), 또한 의사가 외래에서 흔하게 접하는 성병도 비임균성요도염, 임질, 매독 등이다(이상현, 2002).

따라서 본 연구에서는 가장 발생빈도가 높고 대표적 성병인 비임균성요도염, 임질, 매독 등에서 나타날 수 있는 주관적인 증상에 대한 인지도와 성교 후 불쾌감에 대해 실태조사를 하였다.

② 노인의 성병감염률

2003년도 전국 보건소에서 전염병정보망을 통해 보고된 전국 성병환자분포와 충남 성병환자분포를 비교 분석하였다.

<표 1>은 성병표본감시기관인 보건소에서 검사한 사람 중 이상자로 나온 사람을 전염병정보망을 통해 국립보건원에 보고된 자료로서 각 비뇨기과, 산부인과 등에서 치료된 사람은 통계가 잡혀 있지 않은 자료로서 정확한 성병의 통계치를 대표할

수는 없다. 2003년 전국전염병표본감시의 연령별 성병경험자의 전국통계자료를 보면 50~59세에서는 비임균성요도염이 0.83%, 임질이 1.19%, 매독이 0.39%로 임질의 발생률이 가장 높고 다음으로는 비임균성요도염, 매독의 순으로 발생되었다.

<표 1> 전국 성병 통계현황

<단위: %>

연 령	비임균성요도염	임 질	매 독	Total
0~9	0.00	0.00	0.00	0.00
10~19	1.64	5.26	0.01	6.91
20~29	12.58	39.49	0.50	52.57
30~39	9.05	17.50	0.50	27.05
40~49	3.31	5.94	0.49	9.74
50~59	0.83	1.19	0.39	2.41
60세 이상	0.43	0.31	0.58	1.32
Total	27.84	69.67	2.49	100

전국 성병경험의 통계현황(2003. 1. 1.~2003. 12. 31.)

60세 이상의 통계치를 보면 비임균성요도염이 0.43%, 임질이 0.31%, 매독이 0.58%로 매독의 발생률이 가장 높고, 다음으로는 비임균성요도염, 임질의 순으로 발생되었다. 여기에서 60세 이상의 노인한테 매독이 가장 높은 것은 노인들이 치료기관을 찾아가기를 꺼리며 감염초기에 치료를 소홀함으로써 병이 진행되어 만성화된 다음에 치료를 받으러 가기 때문이라고 추측할 수 있겠다.

〈표 2〉 충남 성병 통계현황

<단위: %>

연 령	비임균성요도염	임 질	매 독	Total
0 ~9	0.00	0.00	0.00	0.00
10 ~19	4.31	2.10	0.00	6.41
20 ~29	30.62	18.86	0.23	49.71
30 ~39	18.85	9.90	0.00	28.76
40 ~49	7.80	3.61	0.00	11.41
50 ~59	1.40	0.35	0.00	1.75
60세 이상	1.98	0.00	0.00	1.98
Total	64.96	34.81	0.23	100

충남 성병경험의 통계현황(2003. 1. 1.~2003. 12. 31.)

<표 2>는 성병표본감시기관인 보건소에서 검사한 사람 중 이상자로 나온 사람을 전염병정보망을 통해 국립보건원에 보고된 자료로서 각 비뇨기과, 산부인과 등에서 치료된 사람은 통계가 잡혀 있지 않은 자료로서 정확한 성병의 통계치를 대표할 수 없다. 2003년 전국전염병표본감시의 연령별 성병경험자의 충남 통계자료를 보면 50~59세에서는 비임균성요도염이 1.40%, 임질이 0.35%, 매독이 0.00%로 비임균성요도염, 임질의 순으로 발생되었으며 매독은 환자가 없는 것으로 나타났다. 또한 60세 이상의 통계치를 살펴보면 비임균성요도염이 1.98%로 가장 높게 나타났고 임질, 매독은 환자가 없는 것으로 나타났다(http://dis.mohw.go.kr). 이렇게 노인들이 비임균성요도염에 대한 이환율이 높은 것은 배우자의 사망, 심신의 질병, 사회와 문화적 편견 등으로 자신의 성 욕구를 표현하거나 성생활을 계속하는 데 제약을 받고 있어 음성적으로 성 욕구를 해결하

기 때문이라고 추측할 수 있다. 권명숙(2001)의 노인의 성에 대한 탐색적 연구에서도 성적 파트너가 없는 노인들은 술집이나 윤락업소 등에서 직접적인 성의 매매를 통하여 성 욕구를 해소하는 것으로 응답했다. 이를 감소시키기 위해서는 노인들의 성에 대한 사회적인 편견을 없애고 끊임없는 이해와 관심으로 신체적 이상을 느꼈을 때에 편안하게 치료기관을 찾을 수 있는 사회풍토가 될 수 있도록 만들어가야 하겠다.

③ 성병에 대한 인지도

성병에 대한 지식, 인지도와 관련된 연구는 극히 제한적이며 특히 노인을 대상으로 성병을 다룬 연구가 부족하여, 다른 연령집단을 대상으로 한 선행연구에서 부분적이라도 성병에 대한 지식을 다룬 연구들을 보면 다음과 같다. 김규정, 김혜연, 김한경, 임종권, 장동현(1994)의 미혼남성의 성 행태에 관한 연구에서 근로자 1,038명과 대학생 1,102명을 대상으로 하였다. 이 연구결과 성교육이 성에 대한 지식 및 성 행태에 영향을 미칠 수 있으며 교육 횟수가 많을수록 교육이 도움이 되었다고 한 반면 성교육 프로그램은 일시적으로 이루어져서는 효과가 없고 수차례에 걸쳐 반복해서 이루어져야 효과가 있는 것으로 나타났다.

또한 성병감염 및 성병예방에 대한 인지수준을 보면 예방접종으로 성병이 방지된다는 질문에 근로자 59.1%, 대학생 67.9%가 그렇다고 응답해 성병감염에 대해 상당수가 잘못 알고 있는 것으로 나타났으며, 성병에 대한 지식원은 신문, 잡지 등의 인쇄매체가 가장 많았고 다음으로는 친구를 통해서였다. 성에 대한 지식은 근로자가 66.8%, 대학생이 64.9% 정도가 원하고 있어 성교육 프로그램에 대한 요구도가 높은 것으로 나타났다. 또한 성병감염과 성병예방에 대한 지식이 높은 집단에서 성병경험률이 높은 것으로 나타났는데 이것은 우리의 사회문화적 배경에서 성에 대한 지식이 매우 비공개적으로 얻어져서 대부분 잡지 등 대중매체를 통하여 부정확한 성 지식을 습득하고 있었기 때문에 올바른 성 지식은 성 경험을 가진 후에야 얻어지는 결과로 파악된다(장동현 등, 1994).

이기관(1998)의 대전광역시 소재 보건소에 건강진단수첩 발급을 위하여 내소한 유흥주점, 일반 및 휴게음식점 등의 위생업소 종사자 986명을 대상으로 한 연구에서는 성병에 대한 교육경험이 있는 사람이 60.0%로 없는 사람의 40.0%보다 높았으나 교육경험과 감염결과는 교육경험이 있는 사람과 없는 사람 간에 차이가 없었다. 그러나 성병에 대한 지식이 많다고 생각하는 사람이 68.4%이었으며, 검사결과에는 지식이 많은 사람의 감염 구성률이 높고, 지식이 없는 사람은 비감염 구성률이 상대적으로 높았다. 이 연구결과에서도 성병에 대한 지식이 높은 사람이 감염률이 높은 것으로 보아 성병에 대한 정확한 지식은 감염이 있은 후에야 얻는 것을 알 수 있다.

또한 김정민(1992)은 성병검사를 실시하기 위하여 성북보건소를 방문한 264명에 대하여 연구한 결과 환자인 98명은 매독 72.4%, 임질 71.4%, 비임균성요도염 40.8% 순으로 인지하고 있었으며, 정상자 164명에서는 임질 90.4%, 매독 88.6%, 비임균성요도염 38.0% 순으로 인지하고 있었다. 또한 두 집단의 지식경로를 살펴보면 성병에 걸려본 경험이 있는 사람들의 성병에 대한 지식습득의 경로는 친구, 동료를 통해서 35.7%로 가장 높았으며 성병교육 또는 성병에 관한 홍보물 30.6%, 성병에 감염된 경험 23.5%, 의료관계 전문직 23.5% 순으로 성병에 대한 지식습득을 한 것으로 나타났다. 성병에 걸린 경험이 없는 사람은 성병에 대한 지식을 성병교육 또는 성병에 관한 홍보물 47.0%로 가장 높았으며, 친구·동료를 통해서 38.5%, 잡지, 신문, 라디오 36.1% 순으로 나타나 지식습득의 경로에 있어서 성병에 걸려 본 경험이 있는 사람은 성병에 감염된 경험과 의료관계 전문직을 통한 경우가 성병에 걸려본 경험이 없는 사람보다 우위에 있었으며, 성병에 걸린 경험이 없는 사람은 성병교육 또는 성병에 관한 홍보물을 통한 경우가 가장 높은 것으로 나타났다.

연구에서 나타난 바와 같이 성에 대한 지식이 비공개적으로 얻어지고 있어 부정확한 성 지식을 습득하게 되고 이로 인해 성병경험을 한 후에야 성 지식이 높아지고 또한 성교육에 대한 요구도가 높고 반복적인 성교육이 효과가 있는 것으로 나타나 성병예방을 위해 건강한 사람을 대상으로 성병에 대한 홍보를 꾸준히 실시하는 것이 인지도를 높일 수 있을 것이다.

2. 남자노인의 성 실태와 우울감

1) 성 충동

Master와 Johnson은 "노화되어 감에 따라서 적절한 신체적 건강과 정신적 적응이 결합된 성적 표현을 계속 잘 견지하는 것은 결혼생활 내에 자극적인 성적 경향을 마련하는 데 도움이 되며, 이 경향은 반대로 성적 긴장을 조장하고, 80세 또는 그 이상에까지도 연장되는 성행위를 위한 능력을 마련해 줄 것이다."라고 하였다(최신덕, 김모란, 1998).

성적인 관심과 활동은 대다수의 노인이 70대에 이를 때까지도 계속된다는 연구들이 많다. 오진주와 신은영(1998)은 80세 이상 고령인 경우에도 성 욕구를 표출하고 있으며 이러한 성적 욕구는 보행 불능이고 반신마비와 와상상태의 경우에서도 건강상태와는 무관하게 표출되고 있음을 밝히고 있으며, 정동철(1996)은 65세 이상 남성노인의 89.4%, 여성노인 30.9%가 성 기능을 유지하며, 66세부터 70세 노년층의 64.2% 정도가 월간 1~5회의 성 관계를 가지고 있으므로 노년의 성생활은 더 이상 주책스런 행위가 될 수 없고 노인의 상당수가 성을 통해 삶의 존재를 확인한다는 사실을 강조하고 있다(정동철, 1996). 또한 이윤숙(1983)의 연구에도 남자의 성적 능력은 일반적으로 이해되고 있는 것보다 훨씬 지속적이고 높은 비율인데 비하여, 여자의 경우는 고령일수록 떨어지고 있는 것으로 나타났으며, 남자의 성적 능력은 80세까지도 유지되고 있고 여자의 30.9% 정도는 성적 능력이 있음이 나타났다.

다음에서 우리나라 노인들의 성 활동과 성 욕구의 실상을 적나라하게 보여준 사건들은 노령에서도 성 기능은 소멸되지 않고 지속된다는 이론을 구체적으로 뒷받침하고 있다. 광주기독병원에서 1996년 4월부터 광주공원을 찾는 노인들을 대상으로 무료진료소를 개설하여, 월 1회 광주기독병원 가정의학과 의사중심으로 월 평균 150~200명의 노인환자에 대해 성병성질환 및 결핵 집단검진을 실시하였는데, 그 결과 주로 성적 접촉에 의해서 전염되는 임균성 및 비임균성요도염으로 의심되는 환자가 10% 이상이었으며 일부는 매독이 의심되는 결과도 있다(송상효, 1997). 또한 중앙일보에 다음과 같은 기사가 실렸다. 주 제목 "노인 부르는 쪽방 윤락, 부제목으로 '늘어나는 노인 성병'"이라는 기사로 "부인이 없거나 살아 있어도 하지 못하는 60~70대 할아버지들이 자식이 준 쌈짓돈을 모아 찾아온다." 이 지역에 7년째 무료 의료봉사를 벌이고 있는 요셉의원 관계자는 "이곳을 찾는 노인 가운데 성병이 걱정돼 검사를 받으러 오는 경우가 많다."며 "양성판정을 받는 노인들도 상당수"라고 말했다 서울대병원 비뇨기과 백재승 교수는 "성병과 에이즈 예방에는 콘돔이 최선인데, 상당수의 노인이 나이든 사람이 주책이라는 시선 때문에 무방비 상태로 매춘여성을 접한다."고 말했다(중앙일보, 2003. 10. 31.).

또한 노인이 주민의 과반수를 차지하는 한 시골마을의 경우, 임질 환자를 상대로 약을 투약하다 보면 면 단위 전체에 투여할 판이라는 기사는 놀라움을 더하게 만든다. 이는 조그만 시골마을에서 소문날까 봐 두려워 병을 방치한 채, 계속 성 관계를 가진 결과로 보도되고 있다. 이와 같이 노인들의 성은 사회적으로 무관심을 강요받고 있지만, 상당수 노인들은 결코 성에 대해 무관심하지 않음을 드러내고 있다(손승영, 1999).

위의 연구들에서 나타난 바와 같이 나이가 들어서도 성욕이나 성적 능력은 사라지지 않으며, 단지 성행위의 횟수와 열정이 조금씩 줄어들 뿐 만족감은 별 차이가 없다(미리엄 스토퍼스, 1994). 따라서 노인에게 있어서도 적당한 성 활동은 생활의 활력소가 되므로 소홀히 취급되어서는 안 될 것이다. 왜냐하면 노년기의 성생활은 노인이 고독과 소외감에서 해방될 수 있는 또 다른 길이기 때문이다(오춘규, 2002). 즉 노년기의 삶의 질 향상을 위해서 노인의 성 문제는 사회적·공동체적 접근이 필요하고 올바른 성 문화를 위한 보다 구체적이고 체계적인 노력이 병행되어야 할 것이다.

2) 성 충동과 우울감

정신과 신승철 박사는 "사람은 나이가 들수록 고독감과 소외감에 시달리고 더구나 배우자와 사별한 독거노인이 늘면서 외로움을 타는 사람들이 점점 많아지는데, 사람은 고립되고 고독감을 느낄수록 더욱 강한 성 충동의 지배를 받는다."고 하였다(http://www.sul9191.com). 따라서 노인의 성적 행동은 이와 같은 고독에 대한 두려움과 그것에서 도망치려는 동기가 숨겨진 것이며 고독과 두려움은 누군가를 아주 사랑함으로써 극복할 수 있다고 한다(김현철, 2000).

노인들 남성 122명, 여성 89명을 대상으로 고독감과 성적 욕구 간의 차이 조사에서 남성들은 고독감과 성적 욕구를 다 느낀다가 77.9%, 고독감만 느낀다가 11.5%, 성적 욕구만 느낀다가 9.0%, 어느 쪽도 아니다가 1.6%로 나타났으며, 여성은 고독감과 성적 욕구를 다 느낀다가 56.2%, 고독감만 느낀다가 28.1%, 성적 욕구만 느낀다가 9.0%, 어느 쪽도 아니다가 6.7%로 나타나 남성과 여성의 차이에 관계없이 정도의 차이는 있으나 고독감과 성적 욕구의 어느 쪽이든지 있다고 말하는 사람이 많은 것으로 보이고 있어 성차에 관계없이 노년기에 있어서 고독감과 성적 욕구는 불가분의 관계임을 알 수 있다(高稿久美子, 1985, 김승국, 2003, 재인용).

노화의 심리적 반응으로 성과는 거리가 멀어졌다고 생각하거나 자신이 나이가 있으니 불가능하다고 생각함으로써 성적 욕망이나 표현을 포기할 수도 있다. 그 이유는 중년기 이후의 많은 남성들이 여성들처럼 노화에 대한 신경과민이나 우울증을 경험하기 때문이다.

생리적으로 노화되었다고 성적인 욕구나 기능 자체가 끝나버렸다는 것은 절대 아니며, 오히려 노인의 성욕을 부당하게 억압하게 되면 여러 가지 문제나 증상들이 나타난다. 즉 가정이나 그 밖의 장소에서 대인관계가 원만하지 못하거나, 불면증 · 초조감 · 두통 등으로 생활의 불편을 느끼며(윤가현, 1997), 때로는 과도한 불안 때문에 감정적인 우울 상태나 신경증 상태에 이르기도 하며 심한 경우는 자살에 이르기도 한다(장인협 외, 1997).

이렇듯 성적 욕망이란 지속적인 것일 뿐만 아니라 다른 영역에서의 상실로 인해 더욱 상승될 수 있는 욕구이다. 실제로 노년기에서의 생활 통제감의 상실, 고립감, 외로움은 성적 욕구를 유일한 즐거움으로 상승시키는 역할을 할 수도 있다고 주장을 하기도 한다(전헌식, 2001).

성적 욕구와 성적 능력이 고령에 달할 때까지 지속된다는 것을 사회가 인식하고 사회복지가 인간생활을 원조하는 활동이라면 이 분야에 대해서도 적절한 지원이 필요하다고 본다.

따라서 본 연구는 기존의 성 연구를 토대로 고령화사회의 도래로 인한 노인 성생활의 실태와, 우울감 등을 알아보고 남자노인들의 올바르고 건강한 성생활을 위한 기초적인 자료를 제공하고자 한다.

Ⅲ. 연구방법

1. 조사대상 및 자료수집 방법

본 연구의 자료수집은 측정도구 작성 후 2003년 6월 당진에 위치한 노인정에 방문하여 55세 이상의 남자노인 40명을 대상으로 예비조사(pilot study)를 실시하였다. 설문조사 전 목적 및 개요와 작성요령 등을 설명한 후 조사하였는데 이러한 예비조사결과를 통하여 노인의 성 욕구 충동과 성병에 대한 인지도, 성교 후 불쾌감 경험 유·무 등의 측정도구 3문항을 수정하여 최종적인 문항으로 사용하였다.

본 조사는 2003년 6월 20일부터 7월 24일까지 한 달여 동안 충남지역에 거주하는 55세 이상 노인 중 비교적 거동이 가능하며 약간의 참여 활동을 유지하고 있는 400여 명을 대상으로 노인복지관, 노인정, 가정기거노인, 공원 등을 방문 자기보고식, 일대일 면접을 통해 자료를 수집하여 그중 통계가 가능한 349부에 대해 분석하였다.

본 조사 시 보건소에 근무하는 보건요원들을 활용하였고 연구자는 양질의 자료를 얻기 위하여 이들 조사자들에게 조사내용 및 조사방법 그리고 면담 시 유의사항에 대하여 사전 교육을 실시하였다.

2. 연구 대상자의 특성

본 연구 대상자인 만 55세 이상 노인 349명의 사회인구학적 특성을 살펴보기 위해 빈도분석을 하였다<표 3>.

이들의 연령별 분포를 보면 평균 60.1세이다. 55~59세 이하가 110명(31.5%), 60~69세가 157명(45%), 70세 이상이 82명(23.5%)으로 나타났으며 교육 정도의 분포를 보면, 무학이나 초등학교 졸업이 126명(36.1%)으로 가장 많았고, 중학교 졸업이 83명(23.8%), 고등학교 졸업이 99명(28.4%), 대학교 졸업 이상이 41명(11.7%)이었다.

결혼형태 분포는 초혼·재혼이 280명(80.2%)으로 가장 많았고, 이혼이나 사별 후 혼자 산다가 56명(16.7%)이며, 동거한다가 13명(3.7%) 순이었다. 또한 동거가족을 살펴보면 부부만 산다가 213명(61.0%)으로 가장 많았으며 다른 가족과 같이 산다가 96명(27.5%), 혼자 산다가 40명(11.5%)이었다.

종교별 분포에서는 무교가 137명(39.3%)으로 가장 많았으며, 불교·원불교·유교가 124명(35.5%), 기독교가 57명(16.3%), 천주교가 31명(8.9%)이었다.

직업분포는 무직이 106명(30.4%)으로 가장 많았으며, 단순노동자 105명(30.1%), 자영업 84명(24.1%), 사무직이 54명(15.5%)이었다.

한 달간 용돈의 분포를 보면 10~50만 원 미만이 200명(57.3%)으로 가장 많았으며, 50~100만 원 미만은 76명(21.8%), 100만 원 이상은 52명(14.9%), 10만 원 미만은 21명(6.0%)의 순으로 나타났으며 평균 58만 원으로 용돈 수준이 높다는 것을 볼 수 있다.

조사대상자의 자녀 수를 살펴보면, 3~5명의 자녀를 둔 노인은 205명(58.8%)으로 가장 많았으며, 1~2명이 106명(30.4%), 5명 이상이 31명(8.8%), 자식이 없는 노인도 7명(2%)이나 있었다.

생활 정도는 보통으로 산다고 응답한 사람이 260명(74.5%)으로 가장 많았고, 못산다와 아주 못산다고 응답한 사람이 51명(14.6%), 아주 잘산다가 38명(10.9%)으로 나타났다.

<표 3> 사회인구학적 특성

<N: 349>

특 성	구 분	빈도(명)	백분율(%)	평균(mean)
성 별	남 자	349	100.0	
연 령	55~59	110	31.5	60.1세
	60~69	157	45.0	
	70세 이상	82	23.5	
학 력	무학, 초졸	126	36.1	
	중 졸	83	23.8	
	고 졸	99	28.4	
	대학교 이상	41	11.7	
결혼형태	초혼, 재혼	280	80.2	
	동 거	13	3.7	
	독 거	56	16.7	
동거형태	혼 자	40	11.5	
	부 부	213	61.0	
	자식, 친척	96	27.5	
종 교	무 교	137	39.3	
	기독교	57	16.3	
	천주교	31	8.9	
	불교, 원불교, 유교	124	35.5	

특 성	구 분	빈도(명)	백분율(%)	평균(mean)
직 업	무 직	106	30.4	
	노 동	105	30.1	
	자영업	84	24.1	
	사무직	54	15.5	
용 돈	10만 원 미만	21	6.0	58.1만 원
	10~50만 원 미만	200	57.3	
	50~100만 원 미만	76	21.8	
	100만 원 이상	52	14.9	
자녀 수	없다	71	2.0	
	1~2	106	30.4	
	3~5	205	58.8	
	5명 이상	31	8.8	
	합 계	349	100.0	

3. 측정 척도

본 연구에서 사용된 질문지는 성 충동, 우울감, 성병에 대한 인지도 및 성교 후 불쾌감 경험 유무에 대한 내용의 질문지를 만들어 문항을 작성하였다.

1) 성 충동

성 충동에 관한 측정도구는 이미경(1998)과 박영숙(2001)의 연구를 기초로 작성하였다. 박영숙(2001)의 연구는 중학생을 대상으로 한 척도로 본 연구에서는 노인에게 적합한 문항인 앉아서 이야기할 때, 이성의 알몸을 보고 싶을 때 등의 문항을 선별하여 사용하였다. 이미경(1998)의 연구에서는 1개의 문항을 수정하여 7개의 문항을 만들었으며 설문내용은 동년배 노인들과 대화를 통해서, 매혹적인 향기를 접했을 때, TV 야한 장면, 상대자가 사랑스러워 보일 때 등의 문항으로 구성하였다. 성욕구 충동은 전체 19개 문항으로 "전혀 그렇지 않다" 1점에서 "매우 그렇다" 5점의, 5점 Likert 척도이며 점수가 높을수록 성욕구가 강하다는 것을 의미한다. 19개 문항으로 신뢰도 분석을 한 결과 14번, 18번, 19번 문항이 전체 신뢰도를 떨어뜨려 삭제하였으며 16개 문항의 신뢰도는 Cronbach α=.91이었다.

2) 우울감

우울감에 관한 측정도구는 SCL-90(Choi, 1992)의 하위 척도인 우울감 척도 10개의 문항으로 구성하여 "전혀 그렇지 않다" 1점에서 "매우 그렇다" 5점의 5점 Likert 척도를 사용하였으며 점수가 높을수록 외롭고 슬프고 우울감이 더 높음을 의미한다. 우울감에 대한 신뢰도 분석을 한 결과 Cronbach α=.83이었다.

3) 성병에 대한 인지도 및 성교 후 불쾌감 경험 유무

성병에 대한 인지도 및 성교 후 불쾌감 경험 유무의 판단은 지난 1년간의 비임균성요도염, 임질, 성병 등으로 경험할 수 있는 주관적인 증상에 대해 노인의 지각을 나타내는 질문지를 사용하였다. 이는 많은 수의 노인들을 직접 검사하기가 어려운 점이 있고 노인 분들의 거부 가능성에 의해서이다. 주관적인 증상에 대한 구성은 문헌고찰을 통해 구성한 후 당진군의 산부인과 전문의 1명, 가정의학과 전문의 1명의 자문을 거쳐 내용의 타당성을 검토하였다. 문항 1은 비임균성요도염에 대한 증상이고, 문항 2는 임질에 대한 증상이며, 문항 3은 매독에 대한 증상을 노인들이 알기 쉽게 풀어놓은 것이나 질병별 문항은 <표 4>와 같다.

〈표 4〉 성교 후 불쾌감 증세 내용

구 분	성교 후 경험한 불쾌감 증상
1	성 관계 후 소변이 자주 마렵거나 소변보기가 힘들고 엷고 흰 소량의 점액성 분비물이 나온다.
2	성 관계 후 성기에서 고름이 나오거나 성기가 빨갛게 부어오른다.
3	성기 주변이 헐거나(궤양), 빨갛게 일어나거나 반점이 있든지, 가래톳이 생긴다.

4. 자료분석

　수집된 자료는 SPSS 10.0 프로그램을 이용하여 분석하였다. 조사대상자의 사회인구학적 특성을 파악하기 위해 빈도분석을 하였다.

　또한 각 척도들의 신뢰도를 알아보기 위해 Cronbach's α 값을 산출하였으며, 성병에 대한 인지도와 성교 후 불쾌감이 있는 노인을 대상으로 성 상대 및 병원·약국 진료에 대한 빈도분석을 하였다.

　사회인구학적 특성에 따른 성 충동, 우울감 간의 차이를 알아보기 위해 일원변량분석을 실시하고 사후검증으로 Duncan을 실시하였다.

　증상별 성교 후 불쾌감 증상 유·무에 따라 성교육방법 선호도에 차이가 있는지를 알아보기 위해 교차분석을 하였다.

　성교 후 불쾌감 증상 유·무에 따른 성 충동과 우울감 간의 관계를 알아보기 위해 t-test를 실시하였다.

Ⅳ. 결과 및 해석

1. 성 충동과 우울감의 일반적인 경향

〈표 5〉 성 충동과 우울감의 평균, 표준편차

<N =349>

구 분	평 균	표준편차
성충동	2.90	.76
우울감	2.38	.68

<표 5>에서 나타난 것과 같이 성 충동은 평균 2.90, 우울감은 평균 2.38로서 중간 정도의 수치를 나타냈다.

2. 남자노인의 성 실태

1) 남자노인의 성병에 대한 인지도와 성교 후 불쾌감

남자노인들의 성병에 대한 인지도와 성교 후 불쾌감 증상을 알아보기 위 빈도분석을 하였다.

성병별 인지도는 <표 6>, <그림 1>과 같다.

비임균성요도염이 성병이다가 46.4%이며, 성병이 아니다가 53.6%로 나타나, 배뇨통, 요도분비물 증가, 요도소양감의 증상이 있는 비임균성요도염이 성병이 아니라고 인지한 노인들이 더 많았다.

임질이 성병이다가 74.6%이며, 성병이 아니다가 25.5%로 나타나, 대다수의 노인들은 임질을 성병이라고 인지하고 있었으며, 또한 매독이 성병이다가 70.2%이며, 성병이 아니다가 29.8%로 나타나, 대다수의 노인들은 매독을 성병이라고 인지하고 있었다. 즉 성병에 대한 인지도는 임질 74.6%, 매독 70.2%, 비임균성요도염 46.4% 순으로 나타났다.

따라서 임질과 매독증상을 성병으로 인지하는 노인은 그렇지 않은 노인보다 많았으나 비임균성요도염을 성병으로 인지하는 노인은 그렇지 않은 노인보다 적었다. 1992년 3월 2일부터 4월 10일까지 성북보건소에 내소한 방문자와 건강검진 및 건강진단 수첩을 발급받기 위해 내소한 사람을 대상으로 한 김정민(1992)의 연구에서도 검사결과 유소견자 및 검사결과는 정상이나 임상적으로 치료가 요구되는 유증상자 98명의 성병에 대한 인지도는 매독 72.4%, 임질 71.4%, 비임균성요도염이 40.8% 순으로 알고 있었으며, 검사결과 정상인 164명을 대상으로 성병에 대한 인지도를 알아본 결과 임질 90.4%, 매독 88.6%, 비임균성요도염 38.0% 순으로 알고 있는 것으로 나타나 본 연구와 유사한 결과가 나타났다. 이렇게 일반인이 가장 많이 경험하고 있는 비임균성요도염에 대한 기본지식이 낮은 만큼 일반주민을 위하여 사회교육 차원에서 지역사회보건을 강화하는 등 좀 더 적극적인 홍보와 교육이 필요하다 하겠다.

〈표 6〉 성병에 대한 인지도

<N = 349>

구 분		빈 도	백분율(%)
비임균성 요도염	비임균성요도염은 성병이다.	162	46.4
	비임균성요도염은 성병이 아니다.	187	53.6
임 질	임질은 성병이다.	260	74.5
	임질은 성병이 아니다.	89	25.5
매 독	매독은 성병이다.	245	70.2
	매독은 성병이 아니다.	104	29.8
계		349	100.0

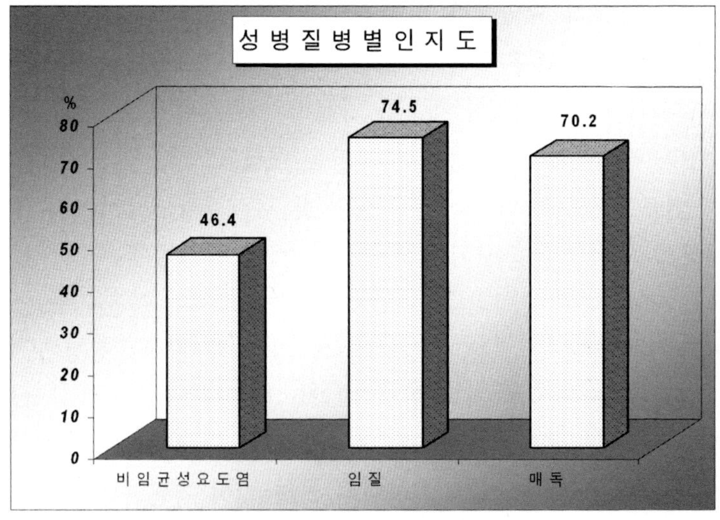

〈그림 1〉 성병 인지도

다음으로는 성교 후 불쾌감 증상이 있는 사람들만을 대상으로 빈도분석을 하였다<표 7>.

전체 349명의 남자노인 중 103명(29.5%)은 성교 후 불쾌감 경험이 있다고 응답하였다. 성교 후 불쾌감 경험이 있는 남자노인 103명을 대상으로 3문항 중 몇 가지 증상을 경험했는가에 대해 빈도분석을 하였다.

<표 7> 남자노인들의 성교 후 불쾌감 경험실태

<N =103>

구 분	빈 도	백분율(%)
한 가지 증상을 경험했다.	78	75.7
두 가지 증상을 경험했다.	17	16.5
세 가지 증상을 경험했다.	8	7.8
계	103	100.0

불쾌감 증상 중 한 가지 증상을 경험했다가 75.7%, 두 가지 증상을 경험했다가 16.5%, 세 가지에 증상을 경험했다가 7.8%로 나타나 한 가지 증상에 불쾌감을 경험한 사람이 75.7%로 가장 많았으며, 두 가지 이상 불쾌감을 경험한 노인도 24.3%로 나타났다<표 7>.

성교 후 불쾌감 증상은 한 번 걸렸다고 면역이 생기는 것이 아니므로 건강한 사람뿐 아니라 한 번 걸렸을 경우에 건강한 성생활을 하도록 성교 전후의 예방 교육을 시키는 것이 노인들이 건강한 성생활을 하는 데 도움이 될 것이다.

다음으로는 남자노인들이 경험한 성교 후 불쾌감에 대해 빈도분석을 하고 그 결과는 <표 8>, <그림 2>에 제시하였다.

<표 8>에서 나타난 바와 같이 '성 관계 후 소변이 자주 마렵거나 소변보기가 힘들고 엷고 흰 소량의 점액성 분비물이 나온 적이 있다.'를 경험한 남자노인이 349명 중 22.1%로 가장 많은 경험을 하였으며, '성 관계 후 성기에서 고름이 나오거나 성기가 빨갛게 부어오른 적이 있었다.'고 응답한 남자노인은 10.3%, '성기 주변이 헐거나(궤양), 빨갛게 일어나거나 반점이 있든지, 가래톳이 생긴 경험이 있었다.'고 응답한 남자노인은 6.6%로 나타났다.

비임균성요도염 증상과 비슷한 '성 관계 후 소변이 자주 마렵거나 소변보기가 힘들고 엷고 흰 소량의 점액성 성분이 나온 적이 있었다.'를 경험한 사람이 가장 많은 것으로 나타났다.

〈표 8〉 남자노인들이 경험한 성교 후 불쾌감

<N =349>

구 분	성교 후 경험한 증상	빈 도	백분율(%)
1	성 관계 후 소변이 자주 마렵거나 소변보기가 힘들고 엷고 흰 소량의 점액성 분비물이 나온다.	77	22.1
2	성 관계 후 성기에서 고름이 나오거나 성기가 빨갛게 부어오른다.	36	10.3
3	성기 주변이 헐거나(궤양), 빨갛게 일어나거나 반점이 있든지, 가래톳이 생긴다.	23	6.6
4	성교 후 불쾌감을 경험한 적이 없다.	246	70.0
	계	382[주1]	109

주1) 복수응답으로 인해 349명이 넘음

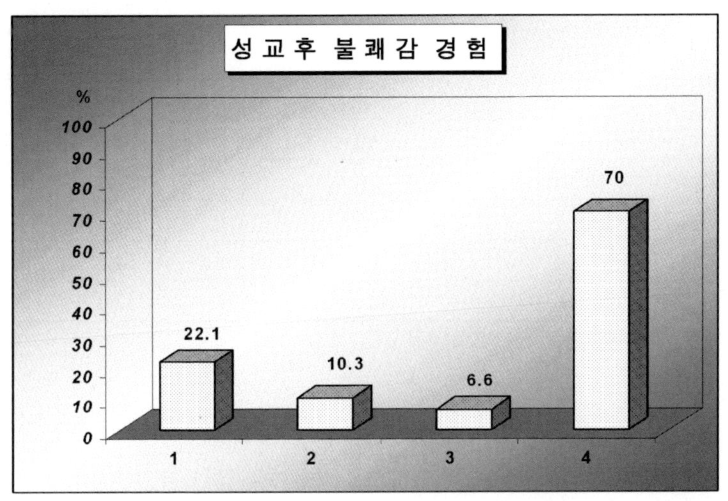

〈그림 2〉 남자노인들이 성교 후 경험한 불쾌감 증상

2) 성교 후 불쾌감 경험이 있는 노인들의
성 파트너 및 성교 전·후 사후조치 현황

다음은 성교 후 불쾌감 경험이 있는 남자노인들만을 대상으로 성교 대상자, 병원·약국 진료 현황, 성행위 시 예방조치 현황을 분석하였다.

〈표 9〉 성교 후 불쾌감 경험이 있는 노인들의 성 파트너

<N =103>

구　분	빈　도	백분율(%)
가까운 사람	40	38.8
애인이나 이성친구	28	27.1
접대부	25	24.3
매춘부	23	22.3
Total	116[주2]	112.5

주2) 복수응답으로 103명이 넘음

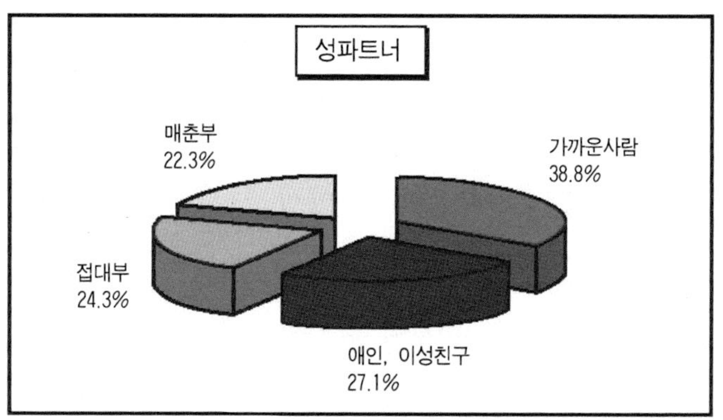

〈그림 3〉 성교 후 불쾌감 경험이 있는 남자노인들의 성 파트너

성교 후 불쾌감 경험이 있는 남자노인들의 성 파트너는 가까운 사람 38.8%, 애인이나 이성친구 27.1%, 접대부 24.3%, 매춘부 22.3% 순으로 나타났다<표 9>, <그림 3>.

다음으로는 성교 후 불쾌감 증상의 경험이 있는 노인들의 의료기관 방문 현황을 <표 10>, <표 11>에서 보면 병원 방문

57.2%, 약국 방문 52.4%로 나타났다. 이 결과는 성병에 대한 최영근(1992), 김정민(1992)의 연구와도 비슷하며, 일반인들이 성병이나 성기에 불편을 겪는 경우 치료기관을 쉽게 찾아가기를 꺼리기 때문이라고 예측할 수 있다.

〈표 10〉 성교 후 불쾌감 경험자의 병원 방문 현황

<N=103>

구 분	빈 도	백분율(%)
병원치료	59	57.2

〈표 11〉 성교 후 불쾌감 경험자의 약국 방문 현황

<N=103>

구 분	빈 도	백분율(%)
약국치료	54	52.4

다음으로는 성교 후 불쾌감 경험이 있는 노인들의 성행위 시 조치 현황을 알아보았다<표 12>, <그림 4>.

성교 후 불쾌감 경험이 있는 사람 중 예방조치를 하였다가 37.9%, 예방조치를 하지 않았다가 62.1%로 예방조치를 하지 않은 사람이 더 많은 것으로 나타났다<표 12>.

최영근(1992)의 보건소, 성병진료소를 방문한 336명의 성병 치료자를 대상(단, 특수업태부 종사자 제외)으로 한 연구에서도 성행위 시 예방조치를 한 경우는 31.3%였으며 66.8%는 예방조치를 하지 않은 것으로 나타났다. 이 결과로 보아 정부관련 부처와 교육당국, 대중전달 매체들이 서로 협조하여 성교육과 성교 시 예방홍보 및 성교 후 이상 증상이 있을 경우 적절한 조치 등에 대한 홍보를 하여야 하겠다.

<표 12> 성행위 시 예방조치 현황

<N=103>

구 분	빈 도	백분율(%)
예방 조치하였다	39	37.9
조치하지 않았다	64	62.1
Total	103	100.0

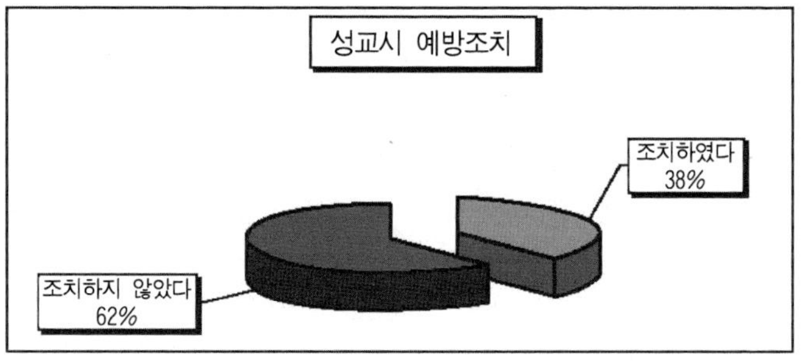

<그림 4> 성행위시 예방조치 현황

3) 성교 후 불쾌감 경험
유·무에 따른 성교육방법 차이

성교육의 필요성에 대해 알아보기 위하여 성교 후 불쾌감 경험이 있는 노인들과 경험이 없는 노인들에 대하여 교차분석을 하였고 <표 13>, <그림 5>, <그림 6>으로 제시하였다.

<표 13> 성교 후 불쾌감 증상 유·무자의 성교육방법 선호도

<N =349>

교육 방법	비임균성요도염 의 증상경험			χ^2	임질의 증상경험			χ^2	매독의 증상경험			χ^2
	유 명 (%)	무 명 (%)	total 명 (%)		유 명 (%)	무 명 (%)	total 명 (%)		유 명 (%)	무 명 (%)	total 명 (%)	
강 의	37 (10.6)	114 (32.5)	151 (43.1)		19 (5.4)	132 (37.8)	151 (43.2)		11 (3.2)	140 (40.1)	151 (43.3)	
영 화	12 (3.4)	41 (11.7)	53 (15.1)		8 (2.3)	45 (12.9)	53 (15.2)		3 (0.9)	50 (14.3)	53 (15.2)	
슬라이드 비디오	16 (4.6)	62 (17.8)	78 (22.4)	1.42	4 (1.1)	74 (21.2)	78 (22.3)	9.68*	6 (1.7)	72 (20.6)	78 (22.3)	3.36
책자만화	5 (1.4)	26 (7.4)	31 (8.8)		5 (!.4)	26 (7.4)	31 (8.8)		3 (0.9)	28 (8.0)	31 (8.9)	
성교육이 필요 없다	7 (2.0)	29 (8.3)	36 (10.3)		0 (0.0)	36 (10.3)	36 (10.3)		0 (0.0)	36 (10.3)	36 (10.3)	
total	77 (22.1)	272 (77.9)	349 (100)		36 (10.3)	313 (89.7)	349 (100)		23 (6.6)	326 (93.4)	349 (100)	

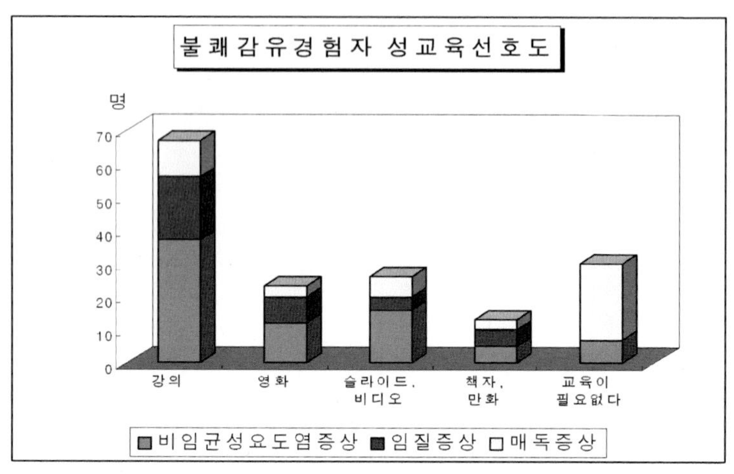

〈그림 5〉 성교 후 불쾌감 유경험자의 성교육방법 선호도

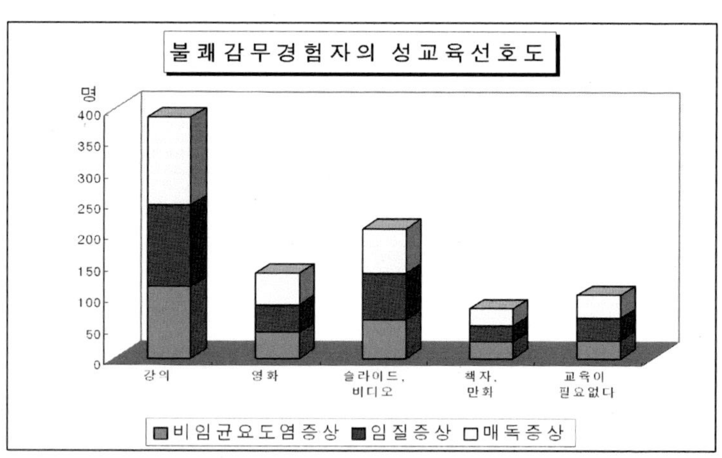

〈그림 6〉 성교 후 불쾌감 무경험자의 성교육방법 선호도

54

성교 후 비임균성요도염과 비슷한 불쾌감 경험자의 성교육 방법 선호도에서는 강의가 좋다가 10.6%로 가장 많이 선호했으며, 슬라이드·비디오 4.6%, 영화 3.4%, 성교육이 필요 없다 2.0%, 책자·만화가 1.4%로 나타났으며 또한 불쾌감 무경험자의 성교육 선호도는 강의가 좋다가 32.7%로 가장 많이 선호했으며, 슬라이드·비디오 17.8%, 영화 11.7%, 성교육이 필요 없다 8.3%, 책자·만화가 7.4%로 나타나 불쾌감 증상 유·무와는 관계없이 성교육방법 선호도에서는 강의를 가장 선호했으며 유의한 차이는 보이지는 않았다.

성교 후 임질과 비슷한 불쾌감 경험자의 성교육방법 선호도에서는 강의가 좋다가 5.4%로 가장 많이 선호했으며, 영화 2.3%, 책자·만화 1.4%, 슬라이드·비디오 1.1%, 성교육이 필요 없다 0.0%로 나타났으며 또한 불쾌감 무경험자의 성교육 선호도는 강의가 좋다가 37.8%로 가장 많이 선호했으며, 슬라이드·비디오 21.2%, 영화 12.9%, 성교육이 필요 없다 10.3%, 책자·만화 7.4%로 나타나 임질과 비슷한 불쾌감을 경험한 노인들도 불쾌감 증상 유·무에 관계없이 성교육방법 선호도에서는 강의를 가장 선호했으며 두 집단 간의 유의한 차이가 있었다($\chi^2 =$ 8.68, p<.05).

성교 후 매독과 비슷한 불쾌감 경험자의 성교육방법 선호도에서는 강의가 좋다가 3.2%로 가장 많이 선호했으며, 슬라이드·비디오 1.7%, 영화 0.9%, 책자·만화 0.9%, 성교육이 필요 없다 0.0%로 나타났으며 또한 불쾌감 무경험자의 성교육 선호도는 강의가 좋다가 40.1%로 가장 많이 선호했으며, 슬라이드·비디오 20.6%, 영화 14.3%, 성교육이 필요 없다 10.3%, 책자·

만화 8.0%로 나타나 불쾌감 증상 유·무와는 관계없이 성교육 방법 선호도에서는 강의를 가장 선호했으며 두 집단 간의 유의한 차이는 보이지는 않았다.

즉 성교 후 불쾌감 경험이 있는 노인이나 경험이 없는 노인들 모두 강의를 가장 많이 선호함으로써 성에 대한 명확한 지식을 원하는 것으로 나타났으며, 성교 후 비임균성요도염, 매독증상과 비슷한 불쾌감 경험 유·무에 따라서 두 집단 간의 유의한 차이를 보이지 않았으나 임질과 비슷한 증상의 불쾌감 경험 유·무에 따라 집단 간의 유의한 차이를 보였다.

3. 남자노인의 성 실태와 우울감

1) 성 실태와 우울감

① 남자노인들의 사회인구학적 특성에 따른 성 충동의 차이

다음으로는 남자노인들의 사회인구학적 변수에 따른 성 충동의 관계를 알아보기 위해 일원변량분석을 하였고, 사후검증으로는 Duncan을 사용하였다<표 14>.

〈표 14〉 사회인구학적 변수와 성 충동 간의 관계

<N=349>

변 인 \ 구 분		성 충 동		
		빈도(명)	평균(표준편차)	F값(Duncan)
성 별	남 자	349	100.0	
연 령	55~59	110	2.98(.73)	
	60~69	157	2.91(.78)	2.23
	70세 이상	82	2.75(.74)	
학 력	무학, 초졸	126	2.78(.76)	
	중 졸	83	2.91(.78)	2.20
	고 졸	99	2.97(.75)	
	대학교 이상	41	3.06(.71)	
결혼형태	초혼, 재혼	280	2.90(.76)	
	동 거	13	2.87(.58)	.04
	독 거	56	2.87(.80)	
동거형태	혼 자	40	2.83(.81)	
	부 부	213	2.93(.76)	.49
	자식, 친척	96	2.85(.74)	
종 교	무 교	137	2.78(.76)	
	기독교	57	2.91(.78)	2.00
	천주교	31	2.97(.75)	
	불교, 원불교, 유교	124	3.06(.71)	
직 업	무 직	106	2.81(.73)	
	노 동	105	2.86(.69)	2.21
	자영업	84	3.08(.83)	
	사무직	54	2.84(.79)	
용 돈	10만 원 미만	21	2.62(.90)	3.78** — A
	10~50만 원 미만	200	2.83(.75)	AB
	50~100만 원 미만	76	2.99(.69)	B
	100만 원 이상	52	3.15(.78)	B
	합 계	349	100.0	

** p<.01

<표 14>에서 나타난 바와 같이 남자노인들의 성 충동은 사회인구학적 변수 중 용돈에 따라서만 유의한 차이를 보였으며 연령, 학력, 결혼형태, 동거형태, 직업에 따라서는 유의한 차이를 보이지 않았다.

한 달에 100만 원 이상 쓰는 노인이 가장 많은 성 충동을 느꼈으며 그다음으로는 50~100만 원 미만, 10~50만 원 미만, 10만 원 미만을 쓰는 노인의 순으로 성 충동을 느꼈다(F = 3.78, P<.01). 즉 용돈이 많을수록 성 충동도 많은 것으로 나타났다.

② 남자노인의 사회인구학적 특성에 따른 우울감의 차이

다음으로는 남자노인들의 사회인구학적 변수와 우울감 간의 관계를 살펴보기 위해 일원변량분석을 하였고, 사후검증으로는 Duncan을 하였다<표 15>.

<표 15>에서 나타난 바와 같이 남자노인들의 연령과 학력, 결혼형태, 동거형태, 직업, 용돈에 따라서 우울감에 유의한 차이가 나타났으나 종교에 따라서는 유의한 차이를 보이지 않았다.

연령에 따라서는 60~69세가 우울감을 가장 많이 느꼈으며, 다음으로는 70세 이상, 55~59세 순으로 우울감을 느끼는 것으로 나타났다(F =5.50, P <.01).

학력에 따라서는 무학, 초등학교 졸업한 노인이 가장 많은 우울감을 느꼈으며 다음으로는 중졸, 고졸, 대학교 이상의 순으로 우울감을 느끼는 것으로 나타났다(F =4.34, P <.01). 즉 학력이 낮을수록 우울감이 더 많은 것으로 나타났다.

<N =349>

구 분 변 인		우 울 감		
		빈도(명)	평균(표준편차)	F값(Duncan)
성 별	남 자	349	100.0	
연 령	55~59	110	2.22(.60)	5.50** A
	60~69	157	2.51(.65)	B
	70세 이상	82	2.34(.79)	AB
학 력	무학, 초졸	126	2.54(.76)	4.34** B
	중 졸	83	2.37(.63)	B
	고 졸	99	2.25(.61)	A
	대학교 이상	41	2.22(.59)	A
결혼형태	초혼, 재혼	280	2.32(.65)	8.13*** A
	동 거	13	2.22(.59)	A
	독 거	56	2.71(.76)	B
동거형태	혼 자	40	2.75(.74)	7.35*** B
	부 부	213	2.31(.66)	A
	자식, 친척	96	2.39(.65)	A
종 교	무 교	137	2.42(.73)	.35
	기독교	57	2.32(.67)	
	천주교	31	2.34(.53)	
	불교, 원불교, 유교	124	2.38(.67)	
직 업	무 직	106	2.49(.75)	3.12* B
	노 동	105	2.42(.66)	B
	자영업	84	2.34(.67)	AB
	사무직	54	2.15(.53)	A
용 돈	10만 원 미만	21	2.65(.80)	3.78** A
	10~50만 원 미만	200	2.41(.68)	AB
	50~100만 원 미만	76	2.37(.67)	B
	100만 원 이상	52	2.19(.61)	B
합 계		349	100.0	

* p<.05, ** p<.01, *** p<.001

결혼형태에 따라서는 사별이나, 이혼을 하고 혼자 사는 노인이 가장 많은 우울감을 느끼고 있었으며, 다음은 동거, 초혼·재혼의 순으로 우울감을 느끼고 있는 것으로 나타났다(F=8.13, P<.001). 즉 결혼해서 함께 사는 부부보다는 사별이나 이혼을 하고 혼자 사는 노인이 우울감을 많이 느끼고 사는 것을 알 수 있다.

직업에 따라서는 구체적으로 직업이 없거나, 단순노동자, 자영업을 하는 노인이 사무직보다 우울감을 더 느끼는 것으로 나타났다(F=3.12, p<.05).

용돈에 따라서는 10만 원 미만을 쓰는 노인이 가장 많이 우울감을 느꼈으며, 그다음으로 10~50만 원 미만, 50~100만 원 미만, 100만 원 이상의 순으로 우울감을 느꼈다. 즉 용돈이 적을수록 우울감을 더 느꼈다(F=3.78, P<.01).

동거형태에 따라서는 혼자 사는 노인이 우울감을 가장 많이 느꼈으며 다음으로는 자식이나 친척과 같이 산다, 부부가 산다의 순으로 우울감을 느끼는 것으로 나타났다(F=7.35, P<.001). 즉 부부가 같이 사는 경우가 가장 적은 우울감을 느끼고 그래도 혼자 사는 경우보다는 자식이나 친척과 같이 사는 경우가 우울감을 덜 느끼는 것으로 나타났다.

한편 종교에 따라서는 우울감의 유의한 차이가 나타나지 않았다.

2) 남자노인의 성 관계 후
불쾌감 증상경험과 성 충동 및 우울감

① 남자노인의 성 관계 후 불쾌감 증상과 성 충동 간의 관계

다음으로는 남자노인의 성 관계 후 불쾌감 증상 유·무과 성 충동 간의 관계를 살펴보기 위해 t-test를 하였다<표 16>.

〈표 16〉 남자노인의 성교 후 불쾌감 경험 유·무와 성 충동과의 관계

<N =349>

		성 충 동		
		빈도(%)	평균(SD)	t값
성교 후 불쾌감	경험이 있다	103(29.5)	2.92(.67)	.39
	경험이 없다	236(70.5)	2.89(.79)	
Total		349(100.0)		

<표 16>에서 보는 바와 같이 성교 후 불쾌감 경험이 있는 남자노인과 경험이 없는 노인과 성 충동과의 관계를 살펴보면 성교 후 불쾌감 증상의 경험이 있는 남자노인은 평균이 2.92, 불쾌감 증상경험이 없는 남자노인의 평균값은 2.89로 두 집단 간의 유의한 차이는 없는 것으로 나타났다.

② 남자노인의 성교 후 불쾌감 경험 유·무와 우울감 간의 관계

다음으로는 남자노인들의 성교 후 불쾌감 경험 유·무와 우울감 간의 관계를 살펴보기 위해 t-test를 하였다<표 17>.

<표 17> 남자노인의 성교 후 불쾌감 경험 유·무와 우울감과의 관계

<N =349>

| | | 성 충 동 | | |
		빈도(%)	평균(SD)	t값
성교 후 불쾌감	경험이 있다	103(29.5)	2.53(.66)	2.67**
	경험이 없다	236(70.5)	2.32(.68)	
Total		349(100.0)		

** p <.01

<표 17>에서 보는 바와 같이 성교 후 불쾌감 경험이 있는 남자노인과 경험이 없는 남자노인과 우울감과의 관계를 살펴보면 성교 후 불쾌감 경험이 있는 남자노인은 평균이 2.53, 경험이 없는 남자노인의 평균값은 2.32로 나타났다.

또한 두 집단 간의 .01에서 유의한 차이를 보였으며 성교 후 불쾌감 경험이 있는 남자노인이 경험이 없는 남자노인들보다 우울감을 더 느끼는 것을 알 수 있다.

Ⅴ. 논의 및 결론

1. 논 의

본 조사는 남자노인의 성 실태와 우울감 간의 관계를 알아보기 위해서 2003년 6월 20일부터 7월 24일까지 한 달여 동안 충남지역에 거주하는 55세 이상 남자노인 중 비교적 거동이 가능하며 약간의 참여 활동을 유지하고 있는 349명을 대상으로 노인복지관, 노인정, 가정기거노인, 공원 등을 방문 자기보고식, 일대일 면접을 통해 자료를 수집하여 분석하였다.

구체적으로 첫째, 남자노인들의 성병에 대한 인지도를 알아보았다. 둘째, 남자노인들의 성 관계 후 불쾌감에 대해 알아보았다. 셋째, 남자노인들의 사회인구학적 변수에 따라서 성 충동 및 우울감에 어떠한 차이가 있는지에 대해 알아보았다. 넷째, 남자노인들의 성교 후 불쾌감 경험 유·무에 따라서 성 충동 및 우울감 간의 관계를 알아보았다. 이 분석을 토대로 사회적 지원방안을 모색하고 궁극적으로 노인들의 삶의 질을 향상시키는 데 기여하고자 하였다.

본 연구의 주요결과를 간단히 요약하면 다음과 같다.

첫째, 남자노인들의 비임균성요도염, 임질, 매독에 대한 인지
도와 성교 후 불쾌감 경험에 대해 분석한 결과 성병에 대한
인지도는 '임질이 성병이다'라고 인지하는 노인들이 74.5%로
가장 많았으며 다음으로 '매독이 성병이다' 70.2%, '비임균성
요도염이 성병이다' 46.4%로 비임균성요도염에 대한 인지도가
가장 낮았으며 이 결과는 김정민(1992) 연구결과와 같음을 알
수 있다. 김정민(1992)은 1992년 3월 2일부터 1992년 4월 10
일까지 성북보건소를 방문하여 성병검사를 실시한 262명을 대
상으로 연구한 결과, 유소견자나 또는 검사결과는 정상이나 임
상적으로 치료가 요구되는 유증상자 98명은 매독 72.4%, 임질
71.4%, 비임균성요도염 40.8% 순으로 인지하고 있었으며, 검
사결과가 정상인164명도 임질 90.4%, 매독 88.6%, 비임균성요
도염 38.0% 순으로 인지하는 것으로 나타나 본 연구의 결과와
유사하다. 따라서 국가적 차원에서 성병에 대한 기본지식과 관
리에 대하여 초등학교 때부터 성교육 프로그램을 개발하여 교
육시키고, 중·고등학교에서 성병에 대한 지식을 적절히 교육
습득시키는 등 각종 매체를 통해 성교 후의 관리, 성병에 대한
적극적 홍보를 함으로써 성병감염을 최소화할 수 있겠다.

둘째, 성교 후 불쾌감 경험이 있는 103명에 대해 어떤 종류
의 증상에 있었는지 분석하였다. 비임균성요도염으로 의심되는
증상을 경험한 노인이 56.6%, 임질로 의심되는 증상을 경험한
노인이 26.4%, 매독으로 의심되는 증상을 경험한 노인이 16.9%
로 나타나 비임균성요도염 증상과 비슷한 경험에 걸렸던 노인
들이 가장 많은 것으로 나타났다. 이 노인들이 경험한 증상이

성병이라고 단정할 수는 없지만 김정민(1992)이 연구한 성병 통계치와 일치하는 것을 알 수 있다. 김정민(1992)의 연구에서는 비임균성요도염이 57.2%, 임질이 27.5%, 매독이 15.3%로 나타났다.

다음으로 인지도와 성교 후 불쾌감 경험과의 관계를 분석해 보면 비임균성요도염에 대한 인지도는 가장 낮으나 성교 후 비임균성요도염과 비슷한 증상에 대한 경험을 가장 많이 한 것을 알 수 있었다. 이는 두 가지로 해석이 가능하다. 하나는 비임균성요도염의 증세가 다른 성적 불편감이나 다른 질병과 혼동될 가능성이 높은 증세일 수 있다는 점으로 해석이 가능하며, 또한 남자노인들을 대상으로 하여 성병증세나 예후에 대한 홍보와 상담 및 검사 등의 의료서비스 제공 등이 중요하다는 점을 제안한다.

셋째, 성교 후 불쾌감을 경험한 성교 대상자를 분석하여 보면 가까운 사람, 애인이나 이성친구, 접대부, 매춘부 순이었다. 반면 이 결과는 신영익(2000)의 1986년 1월부터 1995년 12월까지 서울 중구보건소 성병진료소를 내원한 환자를 대상으로 '성병의 전염원으로 의심되는 성교 대상자에 대한 연구'에서 매춘부 33.9%, 이성친구 및 배우자 27.2%, 술집접대부 18.9%, 콜걸 19.2%로 나타나 본 연구와는 다소 다르다. 이는 연구 대상자가 노인을 대상으로 하지 않았고 성병진료소를 방문한 연령분포가 16세에서 77세의 남자를 대상으로 하여 본 연구와는 대상자의 특성이 다르므로 다소 다른 결과가 나온 것으로 생각이 들지만 본 연구결과에서도 성교 대상으로 높은 빈도를 차지하고 있는 그룹이 배우자나 이성친구로 나타난 결과는 신영익(2000)의 결과를 부분적으로 지지해 주고 있다.

이와 같이 배우자나 여자친구 등과 같은 저위험 집단이 성교 후 감염원으로 증가하는 추세는 시대적 변화에 따른 성 개방 풍토와 직접적인 관련성이 있을 것으로 생각되며 보건학적으로 시사하는 바가 크다. 즉, 과거 남자노인의 성교대상자인 매춘부나 접대부 등과 같이 고위험 집단은 보건소를 통한 관리가 가능한 집단이었다면, 본 연구결과 나타난 바와 같이 성교 후 불쾌감을 느끼는 남자노인의 성 파트너는 가까운 사람이나, 애인, 이성친구 등 보건소 관리의 대상이 아니라는 점에 주목할 필요가 있다. 즉, 매춘부나 접대부는 보건소의 관리대상으로 오히려 이들과 성 관계를 갖는 남자노인들은 성교 후 불쾌감을 적게 경험할 수 있으나 가까운 사람이나 애인 등 보건소의 관리대상이 아닌 일반인들을 대상으로 올바른 성 가치관의 정립 등을 위한 적극적인 홍보와 교육이 절실하다는 점을 시사하는 결과이다.

또한, 성교 후 불쾌감 경험자 중 37.9%가 성행위 시 예방조치를 하였으며, 62.1%가 예방조치를 하지 않은 것으로 나타나 성교 후 성적 불편감을 경험한 남자노인의 ⅔ 정도가 성행위 시 예방조치를 하지 않은 것으로 나타났다. 이 결과는 최영근(1992)의 연구결과와 비슷한데, 최영근(1992)의 연구에서도 성행위 시 예방조치를 한 경우는 31.3%였으며, 66.8%는 예방조치를 하지 않은 것으로 나타나 대부분이 성행위 시 예방조치를 하지 않은 것으로 나타났다. 이러한 결과는 노인들을 대상으로 하는 성병홍보와 교육에 있어서 보다 구체적인 예방조치방법

예를 들어 성교 시 콘돔 사용이나, 성병에는 면역이 생기지 않는다. 등에 관한 교육이 실시되어야 함을 시사하는 것이다.

넷째, 성교 후 불쾌감 증상자와 무증상자의 성병교육에 대한 선호도 조사결과 성교 후 불쾌감 증상의 경험이 있는 노인 남자는 강의 48%로 가장 높게 나타났고, 다음에는 비디오·슬라이드 21%, 영화 17%, 책자·만화 7% 등의 순으로 나타나 강의를 가장 많이 선호하는 것으로 나타났다. 성적 불편감을 경험하지 않은 남자노인들의 성교육 선호도를 살펴보면 강의가 41%로 가장 높게 나타났고, 다음에는 비디오·슬라이드 23%, 영화 14%, 책자·만화 10%로 나타나 강의를 가장 많이 선호하는 것으로 나타나 이 결과는 성교 후 불쾌감 유·무와 관계없이 성교육방법에 대한 선호도는 유사한 경향으로 나타났다. 그러나 임종권, 장동현, 김한경, 김혜연, 김주정(1992)의 연구에서 성교육 효과에 대한 자기평가에서 영화 51.8%, 강연 48.4%, 책자·팸플릿 45.2%, 비디오 39.8%, 슬라이드 31.8% 순으로 교육에 효과가 있다는 연구결과를 고려해 보면 성교육에 있어서 요구도 조사의 한계를 재고해 볼 수 있다. 즉 성교육 선호방법과 효과가 있다고 지각하는 교육방법에 차이가 난다는 점은 성교육 프로그램에 있어서 단순히 요구도를 통한 교육방법 결정에 문제가 있을 수 있음을 시사하는 것이다. 따라서 노인의 욕구에 맞는 프로그램을 개발하기 위해 정기적인 욕구조사를 실시해야 할 뿐 아니라 다양한 교육방법을 통해 성교육방법의 효과성을 지속적으로 검증하고 이를 다시 성교육 프로그램의 개발에 반영하는 것이 필요하다.

다섯째, 남자노인들의 사회인구학적 변수에 따른 성 충동과 우울감 간의 관계를 분석한 결과, 사회인구학적 변수와 성 충동에서는 용돈에 따라서만 유의한 차이를 보였을 뿐 다른 요인에 따라서는 유의한 차이가 없음을 알 수 있었다. 그러나 사회인구학적 변수와 우울감의 분석결과를 살펴보면 연령, 학력, 결혼형태, 동거형태, 직업, 용돈 등에 따라서 유의한 차이가 나타났다. 60~69세 사이의 노인이 가장 많은 우울감을 느끼고 70세 이상, 55~59세 노인의 순으로 우울감을 느끼고 있음을 알 수 있었다. 무학이나 초등학교 졸업한 노인이 중졸 이상의 노인보다 우울감이 심하고, 초혼이나 재혼, 동거보다 사별이나 이혼한 경우가 우울감이 더 심한 것으로 나타났으며, 또한 부부나 자식과 같이 사는 노인보다는 혼자 사는 노인이 우울감을 더 느끼는 것으로 나타났으며, 용돈에 따라서는 용돈이 적을수록 우울감을 더 느끼는 것으로 나타났으며, 직업에 따라서는 직업이 없거나 단순노동자가 자영업하거나 사무직보다도 우울감을 더 느끼는 것으로 나타났다.

이를 종합해 보면 남자노인들의 사회인구학적 변수에 대한 성 충동은 용돈이 많을수록 성 충동을 많이 느꼈으며 다른 요인과는 유의한 차이를 보이지 않았으나 우울감은 나이가 60~69세 노인이, 학력이 낮을수록, 사별이나 이혼하고 혼자 사는 노인일수록, 용돈이 적을수록 직업이 없거나 단순노동자일수록 우울감을 더 느끼는 것을 알 수 있었다.

여섯째, 성적 불편감 경험 유무에 따른 성 충동과 우울감의 분석결과 성교 후 불쾌감에 대한 경험이 있는 노인이 경험이 없는 노인보다 우울감을 더 느끼는 것으로 나타났으며, 성 충동에는 유의한 차이를 보이지 않았다.

2. 연구의 의의와 제한점

노인인구는 산업의 발전과 더불어 의료수준의 향상으로 지속적 증가 추세에 있으며, 이미 우리는 고령화사회로 접어들고 있는 시점에서 노인에 대한 체계적인 보건관리가 필요하다 하겠다.

노인정책에 대한 사회의 관심과 꾸준한 연구가 진행되고는 있으나, 노인 성 문제에 대해서는 전통적으로 터부시함으로써 노인들이 성을 은밀한 방법으로 표출함으로써 사회적 문제가 야기되고 있지만 구체적이고 실질적인 연구가 한정되어 있는 실정이다.

따라서 본 연구를 통하여 남자노인들의 성생활 실태, 우울감 간의 관계를 살펴봄으로써 궁극적으로 노인들의 삶의 질을 향상시키는 데 기여하는 데 그 의의가 있다고 하겠다.

그러나 본 연구는 다음과 같은 제한점을 있다.

첫째, 본 연구는 충남에 거주하는 노인들을 대상으로 조사함으로써 전체 노인들에게 일반화시키는 것은 무리가 따른다고 생각한다.

둘째, 노인 분이 인식에 문제가 있을 수 있어 정확한 응답을 기대할 수 없어 일반화시키는 데는 무리가 따른다.

셋째, 성교 후 불쾌감 증상을 진단과 검사가 아닌 임상증상에 의해 측정했다는 문제가 있을 수 있다. 차후의 도구에서는 이러한 사항을 보완하여 진단과 검사에 의해 측정한다면 보다 명확한 결과를 기대할 수 있다고 본다.

넷째, 자료수집에서 노인들이 기입한 것이 아니라 보건요원들에 의한 1 : 1 면접이어서 인지도나 경험 정도가 과장 혹은 축소되었을 가능성이 있다.

3. 제 언

본 연구결과를 다음 몇 가지 결론을 내릴 수 있다.

첫째, 국가적 차원에서 성병에 대한 기본지식과 관리에 대하여 성인을 대상으로 한 성교육 프로그램을 개발하여 교육시킴과 동시에 노인들은 노인의 욕구에 맞는 프로그램을 개발하는 등 다양한 교육방법을 통해 교육을 한다.

둘째, 배우자나 여자친구 등과 같은 저위험 집단이 성교 후 감염원으로 증가하는 추세는 시대적 변화에 따른 성 개방 풍토와 직접적인 관련성이 있을 것으로 생각되며 일반인들을 대상으로 올바른 성 가치관의 정립 등을 위한 적극적인 홍보와 교육이 필요하다.

　셋째, 노인인구의 증가는 노인 자신이나 사회 전체의 관심을 단지 건강하게 오래 사는 것만이 아니라 '노후생활의 질'이라는 문제로 영역을 넓혀 노후생활의 복지증진에 힘을 기울이고, 이제까지 무시하여 온 노인의 성에 대한 능력과 욕구를 젊은 계층에서 이해하도록 하는 홍보와 교육을 위한 사회적 지원 대책 마련으로 은폐되고 음성화되어 있는 노인의 성 문제를 밖으로 표출시켜 건전하고 떳떳한 성 문화로의 자리매김을 함으로써 건강한 노후생활을 보낼 수 있도록 사회적 지원을 모색해야 되겠다.

참고문헌

김윤정(2003). 노인의 성에 대한 인식과 성생활에 관한 탐색적 연구, 한국가정관리 학회지 21(5), 133-144.

김동일(1997). **노인과 성**, 가족과 문화, 2, 53-67.

국립보건원(2003). **2003성병관리지침**.

김정순·이주현(1999). **성병 및 에이즈 발생실태와 대응전략**, 보건학논집 제36권 1호.

김정민(1992). **성병감염자들의 주사선호 성향에 관한 연구**, 서울대학교 대학원 석사논문.

김규정·김한경·김혜연·임종권·장동현(1994). **미혼남성의 성 실태에 관한 연구**, 한국보건사회연구원.

김주희·이창은(2000). **유배우자 노인의 성에 대한 탐색적 연구**, 한국노년 학회지, 20(3), 185-195.

김승국(2003). **노인들의 삶의 질에 영향을 미치는 성생활에 관한 연구**, 동아대학교 정책과학대학원 석사논문.

김홍란(2003). **노년기 부부를 위한 성적 갈등 대처교육 프로그램**, 한서대학교 박사논문.

김현철(2000). 노인의 성생활 인식도에 영향을 미치는 요인에 관한 연구, 서강대학교 석사논문.

권명숙(2001). 노인의 성에 대한 탐색적 연구, 연세대학교 대학원 석사논문.

홍강의(1994). 함께 배우는 성, 다섯수레.

배철형·이영진(1996). 노인의학, 도서출판 고려의학.

박영숙(2001). 중학생용 성심리 검사개발, 한국심리학회, 20(2), 259-278.

박형규(2000). 고령화사회에 있어서 노인의 성생활 실태에 대한 연구, 강남대학교 석사논문.

이상현(2002). 대한가정의학회 가정의학 임상편, 계측문화사.

서혜경(1997). 노년기 성에 관한 다각적 고찰, 동신대부설 노인복지연구소..

신영익(2000). 성인성 질환(성병)의 감염원에 관한 고찰(Ⅱ), 한양대학교 대학원 석사논문.

손승영(1999). 노년기 성과 사랑, 연세대학교발전연구, 연세대학교.

송상효(1997). 노인의 건강과 성에 대한 의학적 고찰에 대한 토론, '97 제2회 노인보건 복지 세미나 초록집.

이가옥(1999). 노인복지의 현황과 과제, 나남출판사.

이기관(1998). 보건소 성병검진 대상자들의 성병감염실태와 관련 요인, 충남대학교 석사학위논문.

이미경(1998). 노인부부의 성생활에 관한 연구, 한남대학교 석사논문.

이용구(1990). 중학생의 성의식에 관한 연구, 한남대학교 지역개발대학원 석사학위논문.

이윤수(1997). 남성의 성의식과 성생활 현주소, 한국성의학연구소.

이윤숙(1983). 노인과 성-성과 문화, 현대사회와 노인복지, 아산사회복지재단, 179-181.

이희영(1980). **노인과 성**, 『현대사회와 노인복지』, 아산사회복지재단, 152-171.

오진수·신은영(1998) **노인의 성적 욕구에 대한 시설종사자들의 태도에 대한 조사연구**, 한국노년학, 18(2), 97-109.

오세근(1997). **노인의 성 정년은 언제인가**, 노인의 성적 권리에 대한 복지 철학적 이해, 제2회 노인보건복지세미나의 주제 발표 자료.

오춘규(2002). **독거노인의 성에 관한 태도 연구**, 한양대학교 석사논문.

임춘식(1992). **현대사회의 노인문제**, 예풍출판사.

유성호(2000). **노인복지론**, 아시아리서치.

윤가현(1997). **성심리학**, 성원사.

장인협·최성재(1997). **노인복지학**, 서울출판사.

정동철(1996). **현대사회와 성윤리**, 노인의 성과 성윤리 아산재단 8회 사회윤리심포지엄 발표문.

전헌식(2001). **혼자 된 노인의 성생활 욕구태도와 이성교제에 관한 연구**, 대구가톨릭대학교 석사논문.

최영근(1992). **일부 성병환자의 성병에 대한 인지도 및 행위조사**, 경산대학교 보건대학원 석사논문, 1992.

홍숙자(2000). **노년학개론**, 도서출판하우.

최신덕·김모란(1998). **노년사회학**, 하나의학사.

Covey, Herber C(1989). Preception and attitudes toward sexuality of the elderlyduring the middle ages, **The Gerontologist**.

Master, W. H, & Johnson, V. E(1996). **Human sexual response**, Boston Nydeggern C.N, 1983, Family Ties of the Aged in Cross-cultural Perspective, **The Gernotologist**, 23, 26-32.

중앙일보(2003). **노인 부르는 쪽방 윤락, 늘어나는 노인성병**, 2003, 10, 31, 9판.

http://js.cmh.hs.kr

http://web.cnei.or.kr.

http://www.nso.go.kr

http://dis.mohw.go.kr

http://www.sul9191.com

http://kin.naver.com

부 록

■ 남자노인들의 성병감염증상 및
성욕구와 우울감 간의 관계[*]

* 이 논문은 「노인복지연구」에 게재된 것을 수정 게재하였음.

Ⅰ. 서 론

1. 연구의 필요성

우리나라는 급격한 산업화로 괄목할만한 경제성장을 달성하였고, 국민소득의 증가와 삶의 질적 측면에 있어서 많은 변화가 이루어졌다. 또한 의학기술이 발달함에 따라 인간의 평균수명이 크게 연장되어 노인인구도 증가하고 있다. 2000년 12월 통계청은 우리나라도 노인인구가 전체인구의 7.2%가 넘어 UN이 정한 '고령화사회(Aging Society)'에 진입했음을 예고하였다. 2006년 1월 현재 65세 이상 노인인구가 전체 인구의 9.1%에 달하였고, 2010년에는 10.9%, 2026년에는 20.8%를 넘어서는 초고령사회가 될 것으로 예상하고 있다(통계청, 2005 DB).

노인인구의 증가로 노인 문제와 요구도 점점 다양하게 나타나고 그 해결 방안도 복잡해지고 있다. 이에 따라 노인의 생활 보장과 복지향상을 위하여 소득, 의료, 주택, 사회적 서비스 등에 관한 연구들이 활발히 전개되고 있으며, 그 중에서 인간으로서 기본적 욕구인 성(性)은 노년의 삶의 질과 관련하여 최근 학자들의 관심이 집중되고 있다(김주희·이창은, 2000; 정동철, 1996; 장인협·최성재, 1998).

노년기의 성 생활은 서로의 삶에 대한 자신감을 주며, 연대감을 부여하고 자기 유용감을 얻게 하는 등 정신적 만족감을 얻는데 기여한다. 또 노년기의 성은 고독감 해소와 삶에 대한 즐거움과 보람을 높여주는 촉매의 기능을 한다(정동철, 1996).

그럼에도 노인의 성(性)은 유교적 관념에 의해 은폐되고 금욕을 강요받아 사회적 무관심에 가려져 왔기 때문에 노인들 스스로도 성에 대해 떳떳하지 못하고 수치스러워하여 표면적으로 성적 관심을 나타낼 경우 음란하고 방탕하며 불순하게 비칠까봐 자기 자신을 방어하는 경향이 강하다(오세근, 1997). 이에 따라 노인들의 음성적 방향으로의 성적 욕구발산과 이로 인한 성병, 적절한 치료방법의 무지 등 노년기 성문제가 개인적 차원을 벗어나 사회적 문제가 되고 있다.

그러나 최근 성의 활발한 담론화에 힘입어 노년기 성을 긍정적인 방향에서 보고자 하는 노력들이 증가하고 있으며, 노년기 성에 대한 연구가 활발하게 진행되어 노인 성 문제 해결에 긍정적인 전망을 보이고 있다. 기존의 노인의 성에 대한 연구들(권명숙, 2002; 김윤정, 2003; 김홍란, 2003; 서혜경·이영진, 1997; 오진주·신은영, 1998; 임춘식, 1992; Masters & Johnson, 1966)은 주로 노년기의 성욕구, 성기능 정도, 성생활과 삶의 만족도 등에 관한 주제로 연구 하였으며, 연구결과 상당수의 노인들이 노령까지도 성적 욕구가 있고 성생활이 가능함을 입증하고 있다. 이에 따라 노년기의 성욕구, 성기능 정도, 성생활과 삶의 만족도 등에 관한 구체적인 정보가 축적되어 있다.

그럼에도 기존의 연구들은 실생활에서 노인들의 성적 문제를 다루는 연구는 부족하다. 즉, 노인들을 어떤 성문화에 접하고 있고, 어떤 경로를 통해 성생활을 하고 있는가 등에 대한 연구는 있지만 노인들의 성병감염증상은 어느 정도이고 감염증상과 노인의 어려움 간의 관계는 어느 정도인지에 대한 관심은 부족하다.

2. 연구목적

　본 연구는 첫째 남자노인들의 성병감염의 실태를 파악하고, 둘째, 사회인구학적 변인에 따라 성병감염증상, 성욕구, 우울감에 차이가 있는가를 분석하며, 셋째, 성병감염증상과 성욕구 및 우울감의 관계분석을 그 목적으로 한다.

Ⅱ. 이론적 배경

1. 성병감염증상

성병은 주로 성적접촉에 의해 전염되는 전염성 질환군이다. 과거 성병은 임질, 매독, 연성하감, 성병성림프육아종, 서혜육아종 증을 지칭하였으나 최근에는 주로 성접촉에 의해 전파될 수 있는 모든 질환, 즉 비임균성요도염, 트리코모나스증, 첨규성콘딜로마, 후천성면역결핍증후군 등을 포함시켜 성접촉성질환(Sexually tranmitted disease)이라고 불리워지고 있다(김정순, 이주현, 1999).

법적으로 정해진 성병 중에서 실제 임상에서 문제가 되고 있는 중요한 성병은 비임균성요도염, 임질, 매독 등의 세 가지이며, 그 발생빈도는 매독을 1로 할 때 임질은 20, 비임균성요도염은 80 가까이 되며(이희영, 1980, 김정민, 1992 재인용) 또한 의사가 외래에서 흔하게 접하는 성병도 비임균성요도염, 임질, 매독 등이다(이상현, 2002).

2003년 전국전염병표본감시의 연령별 성병경험자의 충남통계 자료를 보면 50~59세에서는 비임균성요도염이 1.43%, 임질이 0.35%, 매독이 0.00%로 비임균성요도염의 발생이 가장 높고 다음으로는 임질, 매독의 순으로 나타났다. 60세 이상의 통계치를 살펴보면 비임균성요도염이 1.98%로 가장 높게 나타났고 임질, 매독은 환자가 없는 것으로 나타났다(http://dis.mohw.go.kr).

노인인구의 증가는 '노후생활의 질'이라는 문제로까지 관심을 넓히고 그 중에서 노인들이 갖고 있는 성에 관심은 우리에게 부정적인 일탈행위의 사회문제로 대두되고 있다(라현숙, 1998). 1996년 4월부터 광주공원을 찾는 노인들을 대상으로 무료진료소를 개설하여 월 1회 광주기독병원 가정의학과 의사중심으로 월평균 150~200명의 노인환자에 대해 성병성 질환을 실시하였는데 그 결과 주로 성적 접촉에 의해서 전염되는 임균성 및 비임균성 요도염으로 의심되는 환자가 10% 이상이었으며 일부는 매독이 의심되는 결과도 있었다(송상효, 1997).

2. 성욕구

욕구는 인간의 복지를 이해하는데 핵심적인 요소일 것이다. 따라서 인간의 욕구에 관한 이론들에 근거하여 노인의 욕구를 구분하고, 노인의 욕구 안에서 성적 욕구를 설명해보고자 한다.

먼저, Glasser(1969)는 인간의 성적 욕구는 성은 출산과 관련된 생명과 사랑, 쾌락의 3요소가 함축 되어있는 개념이며 다른 사람과 친밀하고자 하는 소속, 또는 사랑의 욕구(Belonging Need)에 속하며 사랑하고 함께 나누고 그리고 협력 하고픈 욕구로 보았다. 즐거움은 마땅히 추구해야 할 기본적인 인간의 욕구이다. 그에 의하면, 사랑과 자존감은 성공적인 정체감에 이르게 하는 인간이 발견한 두개의 통로로, 성공적인 정체감을 발달시킬 수 있는 사람은 사랑과 자존감의 두개의 통로를 통하여 자신의 길을 발견하는 것을 배운 사람이라고 하였다.

Maslow(1968) 역시 인간은 생리적인 삶 이상의 사랑과 가치를 추구하는 존재라고 볼 때 인간에 있어서 성욕구는 식욕이나 휴식의 욕구와 함께 인간의 욕구 중 가장 강렬한 제1차적인 욕구로 보고 있다.

이처럼 성적 욕구는 인간의 욕구 가운데 가장 기본적이고 본능적인 욕구로서 노년기의 성적 욕구는 신체적, 정서적, 사회적 차원의 기본적 욕구이자 친밀성의 교류를 통해 자신의 존재의미와 자아 발전과도 연결되는 근원적이며 창조적인 힘으로 작용한다(권명숙, 2002).

인간은 태어나는 순간부터 이미 성적인 특성을 지닌 존재로 구분되며 평생을 성적인 존재로 살아간다(권명숙, 2002). 따라서 성적 존재로서 노인 역시 연령이 증가한다고 해서 성적욕구가 사라지는 것은 아니라는 점을 선행연구을 통해 알 수 있다. 예를 들어 오진주와 신은영(1998)은 80세 이상 고령인 경우에도 성욕구를 표출하고 있다고 보고 하였고, 정동철(1996)은 65세 이상 남성 노인의 89.4%, 여성 노인 30.9%가 성기능을 유지하며, 66세부터 70세 노년층의 64.2% 정도가 월 1∼5회의 성관계를 가지고 있으므로 노년의 성생활은 더 이상 주책스런 노망이 될 수 없고 노인의 상당수가 성을 통해 삶의 존재를 확인한다는 사실을 강조하고 있다.

특히, 성생활의 기본적인 요소인 성욕구는 주로 노인들이 비디오나 영화의 성적인 장면에서 성적인 욕구를 느낀다는 보고(강현숙, 2002 ; 권명숙, 2002)와 영화의 야한 장면보다는 신체적 접촉을 통해서 느낀다는 보고(이미경, 1998)가 있다.

또한 남자노인들의 경우는 성욕구는 있는 배우자의 거부로 성적욕구가 충족되지 않는다는 결과(김윤정, 2003)도 있다.

이런 욕구에도 불구하고 현대사회의 노인의 성에 대한 부정적인 자세는 역사적으로 중세시대의 지배적이었던 기독교의 금욕사상으로부터 영향을 받았다고 볼 수 있다. 성행위를 오로지 자녀의 출산을 위해서만 필요한 것으로 간주되었기 때문에 임신이 불가능한 노인들의 성생활은 매우 부정적이고 자연에 대한 죄악으로 간주되었다(Covey, 1989). 우리나라의 경우도 예외는 아니어서 성행위를 남녀 간의 사랑과 친밀감의 표현방법으로 간주하지 않고 성을 자녀의 출산을 위한 과정으로 의미를 부여하였으며, 성에 대한 욕구를 억제함을 미덕으로 삼았다(이윤숙, 1983).

따라서 노년기의 삶의 질 향상을 위해서 노인의 성 문제는 사회적·공동체적 접근이 필요하고 올바른 성문화를 위한 노인의 성생활 실태를 보다 기초적인 자료에서부터 접근할 필요가 있으며, 이에 따라 본 연구에서는 단순히 성생활빈도나 성생활 만족감이 아니라 노인들이 일상생활에서 경험하는 성병감염증상, 성욕구, 그리고 이러한 요소들과 삶의 질 간의 관계를 파악하고자 한다.

3. 성병감염증상 및 성욕구와 우울감 간의 관계

다른 연령집단에 비해 노년기에는 우울감 정도가 심화되는 경향이 있다. 사람은 나이가 들수록 고독감과 소외감에 시달리고 더구나 배우자와 사별한 독거 노인이 늘면서 외로움을 타는 사람들이 점점 많아지는데, 사람은 고립되고 고독감을 느낄수록 더욱 강한 성욕구의 지배를 받는다(http://www.sul9191.com)고 알려져 있다.

이처럼 노년기의 우울감은 노년기의 성과 관련 된다. 인간의 성적행동은 고독에 대한 두려움과 그것에서 도망치려는 동기가 숨겨진 것이며 고독과 두려움은 누군가를 사랑함으로서 극복 할 수 있다고 한다(김현철, 2000). 더 나아가 성욕구를 부당하게 억압당하게 되면 가정이나 그 밖의 장소에서 대인관계가 원만하지 못하거나 불면증, 초조감, 두통 등으로 생활에 불편을 느끼며(윤가현, 1997), 때로는 과도한 불안 때문에 감정의 우울 상태나 신경증 상태에 이르기도 하며 심한 경우에는 자살에 이르기도 한다(장인협, 최성재, 1997).

실제로 노년기에서의 생활 통제감의 상실, 고립감, 외로움은 성적 욕구를 유일한 즐거움으로 상승시키는 역할을 할 수도 있다고 주장을 하기도 한다(전헌식, 2001). 특히, 고독감과 성적 욕구 간의 관계를 살펴본 한 연구(高稿久美子 1985, 김승국, 2003재인용)는 남자 노인은 고독감과 성적 욕구를 다 느낀다 77.9%, 고독감만을 느낀다가 11.5%, 성적 욕구만 느낀다 9.0%, 어느 쪽도 아니다 1.6%로 나타났으며, 여자 노인은 고독감과 성적욕구를 다 느낀다 56.2%, 고독감만 느낀다 28.1%, 성적 욕구만 느낀다 9.0%, 어느 쪽도 아니다 6.7%로 나타나 남자 노인이 여자 노인에 비해 고독감과 성적 욕구를 동시에 느끼는 비율이 훨씬 높은 것으로 나타났다. 이는 여자 노인에 비해 남자노인들이 성욕구와 우울감 간의 관계가 더 강할 것을 암시하는 것으로 본 연구에서는 남자노인들만을 대상으로 하여 성욕구와 우울감 간의 관계를 살펴보았다.

한편, 성병감염증상과 우울감 간의 관계를 다룬 연구는 찾아보지 못하였으나 성교후의 신체적인 불쾌감과 불편감은 심리적 우울감과 관련이 될 것으로 추정이 가능하다. 따라서, 본 연구에서는 기존의 성연구를 토대로 고령화사회의 도래로 인한 노인 성병감염증상과 성욕구, 우울감 간의 관계를 알아봄으로서 남자노인들의 올바르고 건강한 성생활을 위한 기초적인 자료를 제공하고자 한다.

Ⅲ. 연구방법

1. 연구대상 및 자료수집 방법

본 연구는 2003년 6월 20일부터 7월 24일까지 충남지역에 거주하는 남자노인 400여명을 대상으로 노인복지관, 노인정, 가정기거노인, 공원 등을 방문 자기보고식, 일대일면접을 통해 자료를 수집하였다. 그중에서 응답이 분석자료로 사용하기에 어렵다고 판단된 51부를 제외하고 최종적으로 349부를 분석에 사용하였다.

연구대상의 연령은 평균 60.1세이며, 교육정도를 보면, 무학이나 초등학교 졸업이 36.1%로 가장 많았다. 결혼상태는 초혼·재혼이 80.2%로 가장 많았으며, 동거가족은 부부동거 61.0%로 가장 많고, 종교는 무교가 39.3%, 직업은 무직 30.4%가 가장 많았다.

2. 척 도

1) 성병감염증상

성병감염 여부는 지난 1년 간의 비임균성요도염, 임질, 매독 등의 감염여부를 측정하였으며, 척도는 산부인과전문의 1명, 가정의학과전문의 1명의 자문을 거쳐 내용의 타당성을 검토하였다.

　　2) 성욕구

　성욕구 척도는 박영숙(2001)의 척도를 노인에게 적합하게 수정 및 선별하여 사용하였다. 전체 16개 문항으로 구성되었으며, 5점 Likert 척도로 점수가 높을수록 성욕구가 강함을 의미한다. 척도의 신뢰도 Cronbach α는 .91이었다.

　　3) 우울감

　우울감에 관한 Kessler(1986)의 SCL-90 척도를 Choi(1992)가 수정 번역한 것을 사용하였다. 10개의 문항으로 구성되었으며 5점 Likert 척도로 점수가 높을수록 우울감이 더 높음을 의미한다. 우울감에 대한 신뢰도를 분석을 한 결과 Cronbach α는 .83이었다.

Ⅳ. 연구결과 및 해석

1. 조사대상자의 일반적인 특성

본 연구 대상자인 만 55세 이상 노인 349명의 사회인구학적 특성을 살펴보기위해 빈도분석을 하였다(<표 1>).

이들의 연령별분포를 보면 평균 60.1세이다. 55~59세 이하가 110명(31.5%), 60~69세가 157명(45%), 70세 이상이 82명(23.5%)으로 나타났으며 교육정도의 분포를 보면, 무학이나 초등학교 졸업이 126명(36.1%)으로 가장 많았고, 중학교 졸업이 83명(23.8%), 고등학교 졸업이 99명(28.4%), 대학교 졸업 이상이 41명(11.7%)이었다.

결혼형태 분포는 초혼·재혼 280명(80.2%)으로 가장 많았고, 이혼이나 사별 후 혼자산다 56명(16.7%)이며, 동거한다 13명(3.7%)순이었다. 또한 동거가족을 살펴보면 부부만 산다 213명(61.0%)으로 가장 많았으며 다른 가족과 같이산다 96명(27.5%), 혼자산다 40명(11.5%)이었다.

직업분포는 무직 106명(30.4%)로 가장 많았으며, 단순노동자 105명(30.1%), 자영업 84명(24.1%), 사무직이 54명(15.5%)이었다.

한 달간 용돈의 분포를 보면 10만원~50만원 미만이 200명(57.3%)로 가장 많았으며, 50만원~100만원 미만은 76명(21.8%), 100만원 이상은 52명(14.9%), 10만원 미만은 21명(6.0%)의 순으로 나타났으며 평균 58만원으로 용돈 수준이 높다는 것을 볼 수 있다.

<h3 align="center">〈표 1〉 사회인구학적 특성</h3>

<N=349>

특 성	구 분	빈도(명)	백분율(%)	평균(mean)
연 령	55~59	110	31.5	60.1세
	60~69	157	45.0	
	70세 이상	82	23.5	
학 력	무학, 초졸	126	36.1	
	중 졸	83	23.8	
	고 졸	99	28.4	
	대학교 이상	41	11.7	
결혼형태	초혼, 재혼	280	80.2	
	동 거	13	3.7	
	독 거	56	16.7	
동거형태	혼 자	40	11.5	
	부 부	213	61.0	
	자식, 친척	96	27.5	
직 업	무 직	106	30.4	
	노 동	105	30.1	
	자영업	84	24.1	
	사무직	54	15.5	
용 돈	10만 원 미만	21	6.0	58.1만원
	10만원~50만 원 미만	200	57.3	
	50만원~100만 원 미만	76	21.8	
	100만 원 이상	52	14.9	
합 계		349	100.0	

2. 남자노인의 성병감염증상, 성욕구, 우울감의 일반적 경향

조사대상 남자노인의 70.5%(246명)는 지난 1년간 성병감염을 경험하지 않았으며, 반면 29.5%(103명)는 성병감염을 경험한 것으로 나타났다. 그 중 중복응답의 경우를 포함하여 분석한 결과 비임균성요도염이 22.1%로 가장 높게 나타났으며, 다음은 임질 10.3%, 매독 6.6%순으로 나타났다(<표 2>).

<표 2> 남자노인들이 성병감염증상

<N=349>

구 분	빈 도	백분율(%)
비임균성요도염	77	22.1
임 질	36	10.3
매 독	23	6.6
무 경 험	246	70.0
전 체	382[주1]	100.0

주1) 복수응답을 포함하였음.

성욕구, 우울감의 평균과 표준편차를 분석한 결과 성욕구는 평균 2.90점, 우울감은 2.38점으로 5점 만점에서 중앙값에 못 미치는 수준으로 나타났다.

〈표 3〉 성욕구와 우울감의 평균, 표준편차

<N=349>

구 분	평 균	표준편차
성 충 동	2.90	.76
우 울 감	2.38	.68

3. 사회인구학적 특성에 따른
성병감염증상 및 성욕구, 우울감

남자노인들의 사회인구학적 변수에 따른 성병감염증상, 성욕구, 우울감의 관계를 알아보기 위해 일원변량분석을 하였고, 사후검증으로는 Duncan을 사용하였다(<표 4>).

남자노인들의 성병감염증상은 학력, 동거형태, 직업에 따라 유의한 차이를 보였으며 연령, 결혼형태, 용돈에 따라서는 유의한 차이를 보이지 않았다. 즉 남자노인들은 고졸이하의 집단이 대졸학력 집단보다 성병감염증상이 높았으며, 혼자 사는 노인이 자식·친척 또는 부부와 같이 사는 노인보다 높았다. 직업에 따라서는 사무직이 자영업, 노동, 무직보다 낮아 차이를 보였다.

남자노인의 성욕구는 용돈에 따라서는 유의한 차이를 보였으나 연령, 학력, 결혼형태, 동거형태, 직업에 따라서는 유의한 차이를 보이지 않았다. 월평균 50만원 이상 용돈을 사용하는 노인이 다른 노인에 비하여 성욕구가 높게 나타났다.

다음으로 우울감은 남자노인들의 연령과 학력, 결혼형태, 동거형태, 직업, 용돈에 따라서 유의한 차이를 보였다. 즉 우울감은 60~69세대에 가장 높았으며, 중졸 이하 집단이 고졸 이상 집단보다, 독거 노인이 부부 동거, 초혼·재혼의 노인보다, 그리고 혼자 사는 노인부부나 자식과 같이 사는 노인보다 우울감이 높았다.

또한 남자 노인의 우울감은 직업이 없거나, 단순노동인 경우가 다른 직업에 비해 우울감이 높았고, 10만원 미만의 용돈을 사용하는 경우 우울감을 더 경험하였다.

<표 4> 사회인구학적변수와 우울감 및 성욕구 간의 관계

<N=349>

변수	구분	빈도(명)	성병감염증상 평균(SD)	성병감염증상 F값(Duncan)	성욕구 평균(SD)	성욕구 F값(Duncan)	우울감 평균(SD)	우울감 F값(Duncan)
연령	55~59	110	.29(.45)		2.98(.73)		2.22(.60)	A
	60~69	157	.29(.45)	.13	2.91(.78)	2.23	2.51(.65)	5.55** B
	70세 이상	82	.29(.45)		2.75(.74)		2.34(.79)	AB
학력	무학, 초졸	126	.33(.47)	B	2.78(.76)		2.54(.76)	B
	중 졸	83	.24(.43)	B — 5.34***	2.91(.78)	2.20	2.37(.63)	B — 4.34**
	고 졸	99	.38(.48)	B	2.97(.75)		2.25(.61)	A
	대학교 이상	41	.07(.26)	A	3.06(.71)		2.22(.59)	A
결혼형태	초혼, 재혼	280	.27(.44)		2.90(.76)		2.32(.65)	A
	동 거	13	.30(.48)	1.56	2.87(.58)	.04	2.22(.59)	8.13*** A
	독 거	56	.39(.49)		2.87(.80)		2.71(.76)	B
동거형태	혼 자	40	.47(.50)	B	2.83(.81)		2.75(.74)	B
	부 부	213	.25(.43)	A — 3.87*	2.93(.76)	.49	2.31(.66)	A — 7.35***
	자식, 친척	96	.30(.46)	A	2.85(.74)		2.39(.65)	A
직업	무 직	106	.29(.45)	B	2.81(.73)		2.49(.75)	B
	노 동	105	.35(.48)	B — 6.81***	2.86(.69)	2.21	2.42(.66)	B — 3.12*
	자영업	84	.38(.48)	B	3.08(.83)		2.34(.67)	AB
	사무직	54	.05(.23)	A	2.84(.79)		2.15(.53)	A
용돈	10만 원 미만	40	.38(.49)		2.62(.90)	A	2.65(.80)	B
	10~50만 원 미만	160	.28(.45)	.33	2.83(.75)	AB — 3.78**	2.41(.68)	AB — 3.78**
	50~100만 원 미만	76	.30(.46)		2.99(.69)	B	2.37(.67)	A
	100만 원 이상	52	.30(.46)		3.15(.78)	B	2.19(.61)	A

* p<.05,   ** p<.01,   *** p<.001

4. 성병감염증상 및 성욕구, 우울감 간의 관계

다음으로는 남자노인의 성관계 후 성병감염 증상 유·무와 성욕구, 우울감 간의 관계를 살펴보기 위해 상관분석과 선형회귀분석을 하였다.

1) 성병감염증상 및 성욕구, 우울감 간의 상관관계

〈표 5〉 성병감염 및 성욕구와 우울감 간의 관계

<N=349>

	성병감염증상	성욕구
성 욕 구	.02	
우 울 감	1.42**	.041

**p<.01

성병감염증상 및 성욕구와 우울감 간의 상관분석 결과 성병감염증상을 경험한 노인일수록 우울감(r=1,42, p<.01)을 더 느끼는 것으로 나타나 유의미한 상관을 보였다. 그러나 성병감염증상과 성욕구, 성욕구와 우울감 간에는 상관이 없는 것으로 나타났다(<표 5>).

2) 성병감염증상과 성욕구가 우울감에 미치는 영향

우울감에 영향을 미치는 요인에 대해 알아보기 위해 동거형태, 직업, 성병감염증상, 성욕구를 독립변으로 한 선형회귀분석을 실시하였다. 본 연구에서 동거형태와 직업을 통계변수로 사용한 것은 동거형태와 직업에 따라 노인의 우울감이 달라졌기 때문에(표로 제시하지 않음), 이 두 변수를 통제변수로 사용하였다.

회귀분석결과 성병감염증상과 동거형태, 직업에 따라 유의한 차이를 보였으며 성욕구에 대해서는 유의한 차이가 없는 것으로 나타났다. 즉 성병감염증상을 경험한 노인일수록, 혼자 사는 노인보다 부부나 자식하고 사는 노인일수록 더 느끼고 있었으며, 직업이 없는 노인보다는 직업이 있는 노인이 우울감을 더 느끼는 것으로 나타났다(<표 6>). 투입한 독립변인의 우울감에 대한 설명력은 7%였으며, 독립변인 중 동거형태가 가장 영향력 있는 변수였다.

〈표 6〉 우울감과 관련된 변수들에 관한 회귀분석

<N=349>

	우울감	
	B	β
성병감염증상(유=1)	.154	.103*
성욕구	.047	.053
동거형태(독거=1, 기타=0)	−.359	−.167***
직업(무직=1, 기타=0)	−.084	−.081*
F	6.42***	
R^2	.07	

* p<.05 ,*** p<.001

V. 결론 및 제언

1. 결 론

본 조사는 남자노인의 성병감염증상, 성욕구, 우울감과의 관계를 알아보기 위해서 충남지역에 거주하는 만 55세 이상 남자노인 349명을 대상으로 2003년 6월과 7월에 설문조사를 하였다. 본 연구의 결과를 요약하면 다음과 같다.

첫째, 노인의 성병감염증상은 비임균성요도염이 22.1%로 가장 높게 나타났으며, 다음은 임질 10.3%, 매독 6.6%순으로 나타났다. 그리고 성욕구는 평균 2.90점, 우울감은 2.38점으로 중앙값에 못 미치는 수준으로 나타났다. 본 연구의 성병감염증상에 대한 결과는 김정민(1992)의 연구에서 비임균성요도염이 57.2%로 가장 많았으며 임질, 매독의 순으로 보고한 결과와 일치하였다.

둘째, 남자노인들의 성병 감염증상은 고졸이하의 학력을 가진 노인이 대졸의 학력을 가진 노인보다, 혼자 사는 노인이 자식·친척 또는 부부와 사는 노인보다, 그리고 자영업, 노동, 무직이 사무직보다 높아 차이를 보였다.

셋째, 성욕구는 월평균 50만원 이상 용돈을 사용하는 노인이 다른 노인에 비하여 높았다.

넷째, 남자 노인들의 우울감은 60~69세대에 가장 높았으며,

고졸 이상 집단이 중졸 이하 집단보다, 독거 노인이 부부 동거, 초혼·재혼의 노인보다, 그리고 혼자 사는 노인부부나 자식과 같이 사는 노인보다 우울감이 높았다. 또한 우울감은 직업이 없거나, 단순노동인 경우가 다른 직업에 비해 우울감이 높았고, 10만원 미만의 용돈을 사용하는 경우 우울감을 더 경험하였다.

다섯째, 노인의 우울감은 성병감염증상과 상관관계가 있는 것으로 나타나 성병감염이 증가할수록 우울감도 증가하였다.

여섯째, 남자 노인의 우울감을 예측하는 변수는 성병감염증상, 동거형태, 직업이 예측변수였다. 즉, 성병감염증상을 경험한 노인일수록, 부부나 자식하고 사는 노인보다는 혼자 사는 노인일수록, 직업이 있는 노인보다는 없는 노인이 우울감을 더 느끼는 것으로 나타났다.

2. 제 언

본 연구는 남자노인의 성병감염, 성욕구, 우울감 간의 관계를 알아보고자 하였다. 연구 결과 남자 노인의 성병감염증상이 심각한 수준이며, 또한 이러한 경험이 노년기 우울감을 증대시키는 요인이 되므로 이에 대한 다양한 대처방안이 필요하다.

먼저 국가적 차원에서의 대처는 노인 성병에 대한 기본지식과 치료에 관한 성교육 프로그램을 개발하여 경로당이나 노인교육이 이루어지는 모든 기관에 배포하여 교육이 이루어지도록 하여야 할 것이다.

둘째, 노년기의 성병감염증상의 초기 발견을 위한 사전 검사 시스템을 모든 보건소마다 갖추고 이를 위해 쉽고 편안하게 그리고 비밀보장하에 노인들이 검진을 받고 치료받을 수 있는 체계를 구축해야 할 것이다.

셋째, 노년기의 성생활은 노인의 고독과 우울감에서 해방될 수 있는 방법이 될 수 있다. 이를 위해 노인의 성을 긍정적 차원에서 인정할 수 있는 인식전환을 위해 노인 자신뿐만 아니라 젊을 세대들에 대해서도 체계적이고 적극적인 교육이 필요할 것이다.

넷째, 본 연구결과에서 사회학적변수와 우울감의 관계를 토대로 살펴보면 혼자 사는 노인보다 동거하는 집단이, 용돈이 많은 노인이 우울감을 덜 느끼는 것으로 나타났다. 이는 사회와 국가 차원에서 사회적 지지망 확보나 독거노인에 대한 지원비 증액 등을 통하여 우울감을 극복할 수 있도록 제도적 조치가 이루어져야 할 것이다.

노인인구의 증가는 노인자신이나 사회전체의 관심을 단지 건강하게 오래 사는 것만이 아니라 '노후생활의 질'이라는 문제로 영역을 넓혀 노후생활의 복지증진에 힘을 기울이고, 이제까지 간과하여 온 노인의 성을 밖으로 표출시켜 건전하고 떳떳한 성문화로 자리매김하도록 해야 할 것이다.

· 저자 ·

박미자   · 약 력 ·
(朴美子)   한국방송통신대학교 보건환경과 졸업
            한서대학교 정보산업대학원 노인복지 전공 문학 석사
            한서대학교 일반대학원 아동청소년 전공 박사 과정

            당진군지역사회연구소 위원
            신성대학 보건환경과 겸임교수
            현재 한서대학교, 한서대학교 평생교육원 강의
            현재 당진군보건소 재직 중

            · 주요논저 ·
「남자노인의 성性 실태와 우울감에 관한 연구」
「남자노인들의 성병감염증상 및 성욕구와 우울감간의 관계」
「청소년 이성교제 허용수준에 대한 세대간 차이」(공저)
『보건환경실기특강』(공저)
외 다수

남자노인의 성性 실태와 우울감

· 초판 인쇄	2007년 11월 10일
· 초판 발행	2007년 11월 10일
· 지 은 이	박미자
· 펴 낸 이	채종준
· 펴 낸 곳	한국학술정보㈜
	경기도 파주시 교하읍 문발리 513-5
	파주출판문화정보산업단지
	전화 031) 908-3181(대표) · 팩스 031) 908-3160
	홈페이지 http://www.kstudy.com
	e-mail(출판사업부) publish@kstudy.com
· 등 록	제일산-115호(2000. 6. 19)
· 가 격	17,000원

ISBN 978-89-534-7581-6 93330 (Paper Book)
      978-89-534-7582-3 98330 (e-Book)